プロフェッショナル 仕事の流儀
運命を変えた33の言葉

NHK「プロフェッショナル」制作班
NHK *Professional* production team

NHK出版新書
414

まえがき

昼間の番組制作班は、がらんとしています。

ある者は、主人公に同行してフランスに向かいました。名物経営者のオフィスに日参している者もいれば、アスリートの練習場に通う者、頑固一徹の職人の仕事場で、邪魔にならないよう身を縮《ちぢ》こまらせてスタンバイしている者もいます。

夜になると、取材や撮影を終えたメンバーが戻ってきます。

長い密着取材はゴールを知らされずに走るマラソンのようなもの。不安もあれば悩みも出てきます。「方向性がまだわからない」と弱音を吐きつつ心配ごとを共有したり、「こんなシーンが撮れたが、どうだろう」と相談が始まったりします。

そして次の日、また、それぞれの現場へと向かいます。

答えは、現場にある。

二〇〇六年一月に放送を開始したNHKのドキュメンタリー番組「プロフェッショナル仕事の流儀」は、そんな精神で回を重ね、今年で八年目。この五月には、取り上げたプロフェッショナルの方々の数が、ついに二〇〇人を超えました。

さまざまなジャンルの第一線で活躍するプロフェッショナルの現場に密着し、その仕事の流儀と生き方を掘り下げるのが、番組の変わらぬコンセプトです。

番組の放送後には、毎回多くの反響をいただきます。

そのなかで目立つのは「あの言葉に感動した」「勇気をもらった」といったプロフェッショナルたちの〝言葉〟への強い共感です。

二年前に上梓《じょうし》した新書『人生と仕事を変えた57の言葉』は、プロフェッショナルたちが出会った「言葉」に注目し、五〇人のプロフェッショナルのエピソードを紹介。多くの読者の方々に受け入れていただきました。

今回は、その姉妹編です。

映画俳優の高倉健さんから、プロサッカー選手の本田圭佑さんまで、主としてこの二年間で出演いただいた方のなかから33の言葉をご紹介します。

前書はプロフェッショナルたちが〝出会った〟言葉に注目しましたが、今回はプロフェッショナル自身の信念の言葉をはじめ、口ぐせや、思わず発した本質的なひと言に至るまで、より幅広い観点から、胸に響く言葉を選びました。

目次をご覧いただければわかりますが、この本はいわゆる「名言集」ではありません。もしかしたら、その言葉だけでは意味の取りづらいものもあるかもしれません。しかし、その言葉が生まれた背景をお読みいただき、味わっていただくと、同じ言葉がひときわ輝いて見える、そんなふうに読み取ってくだされば嬉しいです。


どの項目からお読みいただいても構いません。興味をひかれた言葉や、関心のあるプロフェッショナルのページから、気軽に眼を通してください。

項目のひとつひとつに、番組一本分のエッセンスがぎゅっと凝縮されています。目指したのは、言葉をめぐるヒューマンストーリーです。言葉は、ときにその人の進む道を定めたり、ぶれない軸を作ったりする大切なものだと思います。

タイトルを「運命を変えた言葉」としたのは、こうした意味合いからなのです。

今回、それぞれの項目は、プロフェッショナルの皆さんを長く取材した担当ディレクターが執筆を行いました。膨大な取材のなかからひとつの言葉を選び出し、それにまつわる物語を書くことは、取材を振り返る「取材後記」でもあり、取材相手であるプロフェッショナルの皆さんへの感謝の手紙のようなものかもしれません。

その原稿をベースに、文体の調整などをプロデューサーである私が行いました。

最後になりましたが、執筆にご協力いただいたプロフェッショナルの皆さま、番組制作をともに闘っている仲間たち、そして企画から構成、執筆に至るさまざまな局面をサポートしていただいたＮＨＫ出版の大場旦さんに深く感謝申し上げます。

この本に記載されている情報（年齢・所属など）は二〇一三年七月現在のものです。

「プロフェッショナル　仕事の流儀」プロデューサー　山本隆之

プロフェッショナル 仕事の流儀　運命を変えた33の言葉　目次

III 新しいものを生み出す、6つの言葉 91

I　その道を究める、6つの言葉

生き方が、芝居に出る

映画俳優
高倉健

その言葉は、高倉健にとっての六年ぶりの映画『あなたへ』の撮影がクランクアップした翌朝、関門海峡をのぞむホテルの、高倉さんの部屋で発せられた。二〇一一年一一月二一日のことだ。

高倉さんにはマネージャーも付き人もいない。だから、部屋には私たちと高倉さんしかいなかった。部屋を流れるすがすがしい空気は、高倉さんが醸《かも》し出す空気そのものだった。

正確には、高倉さんはこう言った。

「俳優にとって大切なのは、造形と人生経験と本人の生き方。生き方が出るんでしょうね。テクニックではないですよ。肉体は訓練すると、ある程度のところまでいきますよ。僕でも調教されると筋肉がつくしね。毎日良いトレーナーについて柔軟体操をやってれば、体もしっかりと柔らかくなる。本読んで勉強すれば、ある程度の知恵もつくよね。生き方っていうのは、そうはいかないのではないか。芝居に一番出るのが、その人のふだんの生き方なんじゃないか。偉そうなこと言うようですけど」

その前日、高倉さんは、共演の佐藤浩市さんと草彅剛さんと三人で、新聞社の取材を受けていた。クランクアップ直後のことだ。映画の撮影現場でのこの取材に、高倉さんは真摯《しんし》に、そして簡潔に応答していた。

しかしそのときの、ホテルの一室での語り口は、前日の会見のときとは明らかに違った。心にためこんでいた思いを吐露《とろ》せずにはいられない。そんな感じだった。なにしろ五分だけの約束が、終わってみれば時計の針は一時間進んでいたのだから。

生き方が、芝居に出る

この簡潔な一言に、高倉さんはどのような思いを込めているのだろうか。

高倉さんにとって二〇五本目の映画となる『あなたへ』は、二〇一一年の九月から一一月にかけて、日本各地で撮影が行われた。亡き妻が生前に書いた「故郷の海に散骨してほしい」という絵手紙を受け取った高倉さん演じる主人公が、妻の真意を探るため、富山から妻の故郷まで旅する過程を描いたロード・ムービー。監督は、高倉さんと何度もコンビを組んだ降旗康男さんだ。

映画終盤の舞台は、亡き妻の故郷である長崎・平戸。白塗りの灯台と海の深い青のコントラストがみごとな、ある岬で撮影をしているとき、高倉さんが語った言葉がある。

「他の俳優が、『なんかわからないけど泣く』とか言いますよ。でもわからないことはないんだよね。本人には心のなかに、泣いてしまう何かがある、ここにつながる何かが。そういうものがこの空気とか風とか景色とかにあるんじゃないですか。鳥肌が立つ思いのときもありますよ」

高倉さんは役を演じるとき、長いセリフや大仰《おおぎょう》な芝居よりも、たった一言のセリフやふとした仕草こそが雄弁に何かを伝えると考えている。心に本物の気持ちがよぎれば、大げさな芝居にたよらずとも、自然と演技ににじみ出ると信じるからだ。だから現場の高倉さんは、最高に気持ちが盛り上がるその瞬間にいかに到達するかに、すべてを賭けているように見えた。

高倉さんはこのとき、「映画はドキュメンタリーだ」とも言っていた。

カメラとマイクが俳優の仕草やつぶやきを写しとる映画では、極論を言えば一度だけ最高の芝居ができることに集中すべきだという。『あなたへ』の撮影では、高倉さんの一度きりのお芝居を、複数のカメラでさまざまなアングルから撮影することが多かった。撮り直しはほとんどない。それは、撮影スタッフ全てが〝一度きりを生きる〟芝居が最高だと信じる、ある意味俳優にとってもスタッフにとっても過酷な現場だった。

自らの職業を、「映画俳優だ」と言いきるのも、高倉さんならではだ。高倉さんは、プライベートでも都内の映画館に足繁く通い、邦画やハリウッド映画はもちろん、中国、韓国、インド、フランスやイラン、北欧に至るまで、世界中の名画を見ている。映画館の一番後ろの席で鑑賞し、観客の反応もチェック。エンドロールが始まるとだれよりも先に劇場をあとにするのだという。だが一方で、舞台や歌舞伎座へ足を運んだことは皆無だというのだ。舞台俳優や歌舞伎俳優に敬意を示しつつも、彼らとは一定の距離をとってきた。

最高の一度きりの芝居を記録する映画と、観客の前で公演回数分だけ芝居を見せる演劇。同じ〝芝居〟だが、高倉さんはそこに明確な線を引いている。

「自分のなかで感じられないことってできないよね。心の話だからね。やっぱり自然によぎっていくものじゃないのかね。よぎらないいんだけど、よぎっているように見せるっていうのが、演劇とかのお芝居なのかもしれない。でも映画のお芝居は違うっていう気がするね。映画はそうじゃない。ほんとうによぎらないとダメだ」

もちろん、何度も同じ気持ちを「よぎらせて」芝居をできる俳優はたくさんいるだろう。映画でも同じシーンを、アングルを変えて何度も撮るのが普通のやり方だ。しかし、高倉さんは映画での「一度きりのフィールド」こそ自分の土俵と決めて、真摯に、自分にできることを突き詰めてきた。それしかできないと覚悟を決め、そこを極める道を選んだ。

「僕は同じことを何回もやれと言われても絶対にできない。最高のものは一回だと黒澤（明）監督もおっしゃったっていうけど、僕も絶対そうだと思いますね」

そんなことを言えるのは高倉健しかいないのではないか。その裏には、新人時代からの高倉さんの真摯な「生き方」が隠されている。

高倉さんはもともと、なりたくて映画俳優になったわけではない。

故郷北九州から上京し明治大学を出たものの、普通のサラリーマンをやる気にはなれず、芸能事務所のマネージャーに応募した。すると、そのルックスが映画会社幹部の目にとまり、スカウトされた。東京で生活していくため、つまり食い扶持《ぶち》を得るためだけに役者になった。だが役者という仕事には、当時偏見もつきまとっていた。

「新人のとき、カメラテストでドーラン塗られて、涙が出たよ。今は平気な顔してやってもらっているけどね。自分がものすごい、お金のために身を落としたって気がしてね。だって親父は帰ってこなくていいって言ったんだもん。それはやっぱり恥ずかしいって親が思ったってことでしょ。それが、あの筑豊地帯一帯〝川筋〟の気風だったんだよね。大学まで出したのに、とても恥ずかしいものになりやがったっていう」

しかも、芝居をしてみれば、養成所の教官に、俳優に向いていないと失格の烙印《らくいん》をおされる始末。そのつど「なにくそ」という思いだけで、上を目指してやってきたという。

数々の作品に出演するなかで、デビューから一〇年ほどたってようやく、当たり役を引き当てる。網走番外地シリーズや、昭和残俠伝などの任俠《にんきょう》ものだ。

だが人気が白熱しすぎ、年に一五本もの映画を撮ることさえあった高倉さんは、多忙のあまり睡眠もろくにとれなくなっていった。寝坊で撮影所に遅刻をすることも多くなっていったという。

そんな折、高倉さんは自分の映画が上映される映画館を訪ね、衝撃を受ける。

「通路も全部観客が座っているんだよ。劇場のドアが開いちゃって閉まらないっていうぐらい観客がいた。何回かそんな劇場を見に行ってね、これ何なのかな、って思ったことがあるよ。僕にはわかりませんでした。なんでこんな観客が熱狂するのかなというのが。だからとても怖いメディアだよね。明らかに見終わったあと、（熱くなって）人が違っているものね」

高倉さん自身が疲れ果てて、まったく熱を入れられなかったはずのお芝居にも、観客は熱狂していた。高倉さんは〝俳優とは何か、芝居とは何か〟を深く問うようになっていった。

四五歳のとき、高倉さんは決断を下した。

仕事を保証してくれる映画会社を辞め、フリーになったのだ。高倉さんは決めていた。内容も、ギャラも、スタッフも、納得できる映画だけを選ぶ。その代わり、最も厳しい環境で、俳優として自分を磨く。

出演を決めた『八甲田山』（一九七七年公開）は、三年にわたって毎冬、零下二〇度のなかで撮影するという過酷なものだった。高倉さんは、この映画にすべてをかけるため、他の映画はもちろん、ＣＭや雑誌のインタビューなどあらゆる仕事を断った。撮影のない夏は、寒さに耐えられる体をつくるため、米軍仕込みのスポーツクラブで、通常なら体が壊れるほどのトレーニングを重ねた。一日八〇本吸っていたたばこも、このときやめた。三年間まったく収入がないため、お金に困った高倉さんは、京都にあった別荘さえ売り払い、生活費をまかなってこの映画に賭けたという。

さらにその後、志村喬さんや笠智衆さんなどの名優と芝居を重ねるなかで、一つのことに気づいていく。

「東宝の演技課の連中が、着物で下駄はいていらした笠さんに、坂道で危ないからと、後ろから背中を押そうとしたら『押さないでください』って怒ったみたいに言ったんですよ。それがとっても印象に残ってます。笠さんは『時間はたっぷりまだあるでしょう、ちゃんと時間を計ってますから、私のペースで行かせてください』とも言った。すごいなぁって思ったよ。凛々《りり》しいってああいうことを言うんでしょうね」

高倉さんは笠さんの毅然とした生き方が、お芝居にもふだんの振る舞いにも出ているのだと感じた。

こうした経験を経て、高倉さんはそれまで以上に、自らを厳しく律する生き方を貫くようになっていった。

「今考えたらね、肉親の葬式に、一度も行ってませんよ。それは自分に課してること。絶対それで撮影中止にしてもらったことはないという。それは俺のなかではね、プライドですね。監督に言ったら当然、三～四日撮影中止にしますとなったと思うけど、一度も僕は言ったことない。一回もないですね。それは、どこかで俺はプロだぞって思っているからですよ」

高倉さんは事実、尊敬する父親の葬式にも、そして最愛の母親の葬式にさえ行っていない。それは苦しいと思いながらやってきたのですかと聞くと、高倉さんはこう続けた。

「それはだからね……捨ててるものだと思いますよ。別にそれは捨てなくたって、（映画俳優という仕事は）やろうと思えばできることなんだけどね」

今回、お話をうかがったロケ先の部屋には、レンブラントの「黄金の兜《かぶと》をかぶった男」の小さな絵葉書が飾ってあった。その男は、気むずかしそうな顔でこちらを見ている。かつてドイツの城下町の宿に宿泊したときこの絵に一目惚《ぼ》れした高倉さんは、模写を作成してもらい、自宅でいつも眺められる場所に飾っているそうだ。その男の厳しい生き方がにじみ出るような絵を見ると、身が引き締まる思いがするという。

「映画俳優って、一番大事なことは何かって言ったら、感受性だけなのかなっていう気がしますね。自分の感性、感じられる心を大事にする、それしかないいんじゃないのって。それはやっぱり良い映画を見たり、非常にストレートですけど、自分が感じられる映画や、感じられる監督とか俳優さんを見つけて、その人たちのものを追っかける。それから自国のものばかり見ないで、外国のものも意識的に見る。それから、自分が感動できる小説を読む。あとは絵やいろんな美術品を見る。やっぱり年齢を重ねないとなかなかそれはできないけどね」

「生き方が、芝居に出る」。そう高倉さんが語ってくれたのも、この絵の前でのことだった。

今回の番組で、「生き方」について語ってくれたとき、高倉さんから一人の先輩俳優の名前が、何度もあがった。

大滝秀治さんだ。

大滝さんは映画『あなたへ』で漁師の役を演じた。映画のクライマックス、大滝さん演じる漁師は、妻の遺骨を海に散骨しようとする高倉さんを乗せて船を出す。そして、ともに港に帰ってきたとき、一つの短いセリフを口にする。高倉さんにとってそのセリフは、このシーンを撮影するまで「つまらないセリフ」としか、感じられないものだった。

それは「久しぶりにきれいな海ば見た」という短いもの。

だが高倉さんは、そのお芝居を目の当たりにし、涙を流した。たったそれだけの言葉に、映画のテーマも含めたあらゆるものが凝縮しているように感じられたのだという。

大滝さんは、この映画が遺作となった。

「今回の出演者のなかでは最高齢の人ですよね、ああいうことができるんだなあと。〝はあ〟って思いましたね。

だれかが僕と大滝さんのスナップ写真を撮ってるとき、僕、大滝さんに最敬礼してるよね。あれ正直な反応だよ。『スナップ写真に写った大滝さんの顔が、メイキャップも何もしてないのに、神々《こうごう》しい』って撮影した人が言ってたよ。神々しいお顔されてるって。メイキャップもしてないのに、それはどういうことなのかな。知りたいって思ったよ。どうやったら神々しくなれるかがわかれば、俳優として何段も上がったことになるわけだから……」

〝顔は男の履歴書〟とよく言われる。

「生き方が、芝居に出る」と語る高倉さんにとって、尊敬する先輩俳優が〝神々しい顔〟をしていたことは、いても立ってもいられなくなる出来事だった。

「大滝さんに負けたくはないですか」と聞くと、高倉さんはこう答えた。

「負けたくないねえ！　負けたくない。勝負しようとは思わないけど、なんとか追っかけたいと思いますよ。まだ何年かは働けるもんね。追っかけたいと思う。縁があって俳優を選んだんだからね」


「生き方が、芝居に出る」

あの日、五分の約束を大幅にこえて、一時間もの長い間カメラの前で語り続けてくれたのは、八〇歳を越えた高倉さんが、多くの後進の俳優たちはもちろん、厳しく自らを律する美意識を見失いつつある私たちに、この言葉の意味を伝えたかったからではないだろうか。

高倉さんがふと漏《も》らした、印象的な言葉がある。

取材も終盤に近づいた二〇一二年三月のある日。伊豆のある喫茶店で薪ストーブにあたりながら、高倉さんは、その一言を口にした。

「幸せになりたい」

深く、深く、井戸よりも深く

天ぷら職人

早乙女哲哉

天ぷらの長い歴史に〝革命〟を起こしたと言われる職人がいる。当代随一と謳《うた》われる早乙女哲哉さんだ。

芯《しん》はほんのりレア、究極まで甘みを引き出した〝海老《えび》〟。

口に入れたとたん、香ばしさが弾《はじ》ける〝穴子《あなご》〟。

そして、ナマよりはるかに濃厚な味わいに生まれ変わった〝雲丹《うに》〟。

衣《ころも》をつけて油で揚げる。一見、シンプル極まりない調理法を、早乙女さんは半世紀にわたって突き詰め、素材に眠る風味を極限まで引き出す調理法へと昇華させた。

その至高の技は、ミシュラン三つ星に輝く名だたる料理人をも虜《とりこ》にした。〝すしの神様〟

と称される小野二郎さんは「他へは絶対行かない。結局ここになってしまう」となる。いま最も勢いに乗る日本料理人の一人・山本征治さんは「カウンターに座った瞬間に『おいしさは保証されたな』っていう気持ちになる。でも、それ以上の感覚をいただいて帰るみたいな。天ぷらだけを食べに来ているんじゃないんですよ、ここは」と言う。

東京・門前仲町《もんぜんなかちょう》に構える店には、日本人のみならず、世界の美食家たちが集う。店内には感嘆のため息が漏《も》れるが、「愛想よりも、うまい天ぷら作るのが一番のサービス」と考える早乙女さんは、無愛想そのもの。五感を研《と》ぎ澄まし、ただ黙々と、〝世界一〟おいしい天ぷらを揚げることだけに集中する。

天ぷらの調理法は、まさに型破り。たとえば、おまかせの一品目で供される〝海老〟。一般的には、一八〇度の油でおよそ四〇秒間揚げるとされているが、早乙女さんは二〇〇度の高温で、通常のおよそ半分に当たる二〇秒前後で揚げてしまう。揚げすぎると、海老の最大の旨《うま》みである甘さが飛んでしまうからだ。

「甘さを最大限に感じてもらうには、四五度から四七度がいいわけ。オレは常に計算のなかで作っているのよ。だからお客さんから『おいしいですね』って言われると、『ええ、そうやって作りました』って言うんだよ」

緻密《ちみつ》に計算し尽くされ、もはや非の打ち所のないようにすら見える早乙女さんの天ぷら。それは、一五歳でこの道に入り、たゆみない精進《しょうじん》を続けてきた努力の結晶に他ならない。だが早乙女さんは、六七歳になった今なお朝一番に厨房《ちゅうぼう》に入り、その日のネタを吟味し、下準備にも余念がない。

魚をいかに傷《いた》めずに包丁を入れられるか。骨や皮についている旨みが詰まっている身を寸分も余すことなく、はぎ取ることはできるか。常に自らの技を問い質《ただ》し、まだ見ぬ高みを目指して精進を続ける。

休日には欠かさず〝すしの神様〟小野二郎さんの店を訪ねるのも、自らの心に慢心が生じないための方策だという。

研鑽《けんさん》に研鑽を重ねて半世紀。それでも終わりが見えない早乙女さんの歩みを支える、一つの言葉がある。

深く、深く、井戸よりも深く

「天ぷらは、衣くっつけて油のなかへ放りこんだらもうおしまいだもんな。そのなかで何ができるかっていうことだから、やっぱし目指すものは深く深く。それこそ井戸よりも深く掘ってみせて、たとえ穴があったとしても、その深さはあんたらにはわからないんだよ、という仕事がしたいの」

完璧な天ぷらは存在しない。かならず小さな穴（ほころび）はある。その穴を丹念に埋めていく作業こそ、天ぷらという料理を深く追求していくことに他ならない。

ある日の閉店後、早乙女さんがその「穴」を見つけたと言い出したことがあった。奇《く》しくも、互いに意識しあう盟友・小野二郎さんが早乙女さんの店を訪れ、舌鼓《したつづみ》を打って上機嫌で帰って行ったあとのことだった。

早乙女さん曰《いわ》く、海老に衣をつけて油に投じたとき、自らの仕事に穴を見いだしたという。

「重力が発生すると、ちょうどいい衣がズルッと（取れて）落ちるじゃん。（海老のまわりの空気までを）そっくり持ち上げようと思ったのに、（まわりの空気を）持ち上げ損なった。ちょっとリズムが早かったかな……。そういうのが引っかかってる」

海老を油に投じる瞬間、その際の動作に問題点がある。スーパースローカメラで撮影しても違いがわからないほどの、おそらくだれにもわからない領域で早乙女さんは一人勝負していたのだ。一つひとつの振る舞いを、「深く、深く」追求すること、それが早乙女さんの変わらぬ姿勢だ。

この夜、自らの穴が明らかになったにもかかわらず、早乙女さんはいつになく昂《たか》ぶっていた。そして、ある夢を明かしてくれた。

「一二〇歳まで追いかけるつもりでいるの。六〇歳で辞めようと思って線を引いたら、それでおしまいなのよ。穴を埋めようという気も起きなくなるの。現実には生きられるかどうかわからないよ。でもオレは生きると言い続けるということは、穴を埋め続けるということよ」

思い返せば、早乙女さんの修業の道は、けっして平坦ではなかった。

人前に立つと、手足が震えて止まらないほど気が小さく、客の視線で汗が止まらなくなり、トイレに駆けこんだことすらある。そんな弱さを、どうしたら克服できるのか。それが「数を積み上げること」だった。

手を抜かず、ひたすら天ぷらを揚げ続けた。「気の小ささ」を裏返して考えれば、とことん仕事を突き詰められるということ。いつしか、気の小ささは、早乙女さんの〝武器〟となった。

「気の小ささなら、だれにも負けねえぞ」と笑う早乙女さんだからこそ、ひたすら「穴」を埋め続けることができたのだ。

早乙女さんが、「こうありたい」と思う目標を記した書がある。それにはこう書かれてある。

身を、心を、時を、小さな小さな小さな点に。
小さな小さな点を、深い深い点に。
味。

「職人は一生修業」という言葉を聞かなくなって久しい。しかし、この並外れた執念こそ、早乙女さんを今日も仕事へと駆り立てているのだ。

「努力とか、苦労とかする奴は、最低だと思っているんですよ。でも、俺はそれしかできないんですよ。能力だけでやっていくのが男。そんなかっこいい男になりたいんだけど、実際には、反対なんだよね」

早乙女さんは、そう言って、かんらかんらと笑ってみせた。

覚悟をもって、一生つきあおうと思っているんです

自殺防止

藤藪庸一

年間三万人前後が自殺する日本。この現実に精一杯の力で立ち向かおうと奮闘する男がいる。

藤藪庸一さん、四〇歳。和歌山県南部・白浜町《しらはまちょう》で自殺防止の活動を行うNPO法人「白浜レスキューネットワーク」の理事長だ。

町にただ一つのキリスト教会の牧師でもある藤藪さんの活動の最大の特徴は、自殺を考えた人々と教会の施設で共同生活を行いながら、彼らを自立に向けて支援すること。自殺を考えている人のなかには、家族や友人に迷惑はかけられないと、自らつながりを断っていたり、またお金もなくなったりしている場合も少なくない。そのため藤藪さんは全国から寄せられる寄付を元手に、食事と寝る場所を提供し、仕事を一緒に探し、彼らの自立へ

の道を切り開いていく。

藤藪さんは、二六歳でこの仕事を始めてから、これまで六〇〇人を超える人たちを自立へと導き、国や全国の自治体から自殺防止のエキスパートとして注目を集める存在になっている。

そんな藤藪さんが自殺防止の仕事を始めたのは、白浜町という土地柄と深い関係がある。この町には眼下に太平洋を望む関西有数の景勝地「三段壁《さんだんべき》」がある。高さ最大五〇メートルの断崖絶壁が二キロにわたって続くこの場所では、崖から海に飛びこんで自殺しようとする人があとを絶たなかった。今でも命を落とす人がいる。

自殺を考えてこの場所にやってくる人たちの保護活動を始めたのは、藤藪さんの教会の前任の牧師、江見太郎さんだった。江見さんは三段壁の一角に「重大な決断をするまえに一度是非ご相談下さい。あなたのお力になります」というメッセージと、教会につながる電話番号を記した看板を設置。最後の最後で自殺を思いとどまった人の相談に乗る活動を始めた。

藤藪さんは、小さい頃から江見さんの教会に通い、歌を歌ったり聖書の教えについて勉強したりするうちに、困っている人を助ける仕事をしたいと考え、牧師になった。そして二六歳のとき、江見さんからこの教会を引き継ぎ、自殺防止の活動も続けることにしたのだ。

当時は、「若すぎる」という理由で、教会の信徒さんたちのなかにも自殺防止にまで手を広げなくてもよいのではないかという意見があったという。しかし、「人々に救いを示すのが牧師の仕事。自殺防止は牧師の仕事と離れたものではない。これは自分がやっていかないといけない仕事だ」と考えた藤藪さんは、三段壁で自殺未遂者を見つけ出すパトロールを行ったり、NPO法人を立ち上げ、地元の町役場や警察などとも連携をとりながら、その活動の幅を広げてきた。

取材を始めた二〇一二年一月、共同生活に加わって一ヶ月という男性がいた。岡田さん（仮名）、六三歳。五〇代で離婚してからずっと一人身で、仕事を転々としていたが、この一年間、仕事をまったく見つけられなかった。そして、ついには家賃も払えなくなり、「もう生きていてもしょうがない」と自殺を考えるに至ったのだという。

岡田さんは、藤藪さんのもとに来てからは元気を取り戻し、ハローワークにも意欲的に通って、自立に向けて歩み出そうとしていた。しかし、ようやくとりつけた就職面接を受けても不採用。自分より後に共同生活に加わった人たちが先に仕事を見つけるなか、次第に焦りを募らせていた。

「今後、岡田さんをどう支えていくつもりなのですか？」と藤藪さんに尋ねると、「じつは、僕自身そんなに焦ってはないいんです」と前置きしたうえで、こう語ってくれた。

覚悟をもって、一生つきあおうと思っているんです

「ここにやってきた人たちとは、覚悟を決めて、一生つきあおうかと思っているんです。一生つきあおうなんて簡単には言えないんだけど、心づもりというか……覚悟という意味では、そういうふうに考えています」

藤藪さんが運営する共同生活は、あくまで自殺を考えた人たちが「自立」するための場だ。しかし、年齢や病気などの理由で、自立が難しくなるケースもある。そうした人たちに対し、藤藪さんは本人が望むのであれば、「ずっとここにいていいよ」と伝える。また、無事自立を果たし共同生活から旅立っていく人に対しても、「また何かにつまづき、生きることがつらくなったら、いつでも共同生活に戻ってきていいんだよ」と伝えているのだ。

自殺防止に関わる者に必要なのは、自殺を考えた人と一生関わり続ける「覚悟」を持つこと。このすさまじい覚悟を持つきっかけは、二六歳で藤藪さんが白浜町の教会の牧師になり、自殺防止の仕事を始めた頃のある苦い体験にある。

ある夜のことだった。

藤藪さんのもとに、三段壁に設置された公衆電話から一本の電話がかかってきた。かけてきたのは二〇代半ばの青年。自殺を考え三段壁にやってきたが、やはり死ぬのが怖くなった。設置されている看板を見て、電話をかけてきたのだという。話を聞いてみると、青年には病に苦しむ家族がいるという。気弱な性格だという青年自身は、仕事が長続きせず、そんな自分の存在が家族の重荷になっていると感じ、自殺を考えるに至った。

藤藪さんは、共同生活をともに運営している妻の亜由美さんとともに、男性をサポートすることにした。男性もすぐに気力を取り戻し、自立を目指して教会の近所にあるホテルでフロント係の仕事を始めた。

しばらく経った頃、男性は「仕事を辞めたい」と藤藪さんに相談してきた。仕事を始めて楽しそうな表情を見ていたこと、そして、自立のためにはこの試練を乗り越えてほしいと思った藤藪さんは、男性に仕事を続けてみたらと言った。

しかし、まもなく男性は仕事を辞め、「家に戻ります」と、藤藪さんのもとを去っていった。二ヶ月後。九州の警察から電話がかかってきた。青年が海で、遺体で発見されたのだ。彼は実家に戻っておらず、結局自ら命を絶ったのである。

藤藪さんは当時、悲しみと強い自責の念に襲われたという。「なぜあのとき、青年の気持ちをもっと聞くことができなかったんだろう。もう少し頑張ってみたらと安易に言ってしまったことで、結果的に青年を追い詰めてしまった。これは自分の責任だ」

藤藪さんは覚悟を決めた。

人の命の決断に、自分は最終的には立ち入ることができない。でも、そんな最悪の決断を避けてもらうために、自分ができることを尽くそう。

藤藪さんは、自殺防止の活動を続けることにした。毎日のように三段壁からかかってくる電話に対応し、相談に乗ってほしいという人たちに向きあい続けた。

なかには、共同生活に嫌気がさし無断で出て行ってしまう人もいた。自立を果たしたあと、お金を使い果たし、再び死にたくなったと藤藪さんのもとに帰ってくる人もいた。それでも藤藪さんは受け入れ続けた。自分にできるだけのことはしようと思っていたからだ。

その後、藤藪さんは再び、忘れられない体験をする。

藤藪さんのもとで共同生活をしたあと、自立を果たした男性がいた。元理容師で、大のお酒好き。よくお金がなくなっては藤藪さんを頼ってきた。藤藪さんは、共同生活を行う人たちの散髪をさせてあげ、アルバイト代を渡したりもした。一度は自殺を考えたというが、藤藪さんと出会ってからは、そんなそぶりはまったく見せないようになった。

やがて、男性にガンが見つかった。寝たきりになっても藤藪さんは頻繁に病室に通った。亡くなる間際、男性は藤藪さんにこう言った。

「あのとき、死を選ばなくってよかった。ありがとう」

藤藪さんは男性の死の悲しみとともに、今まで感じたことがなかった達成感を味わった。

「共に生き切ったというか、最後まで責任を果たさせてもらったという気がしたんです」

藤藪さんはこのとき、あらためて思った。生涯寄り添う覚悟で、自殺を考える人と向きあう。それが自分なりの、この仕事への向きあい方だと。

先に紹介した岡田さんは、その後藤藪さんが共同生活を送る人の働く場になればとオープンした弁当屋で、配達ドライバーとして働き始めた。そして二〇一二年の暮れ、長年暮らしてきた大阪で、一人暮らしを始めることができたそうだ。

常に、不満足であれ

パン職人

成瀬正

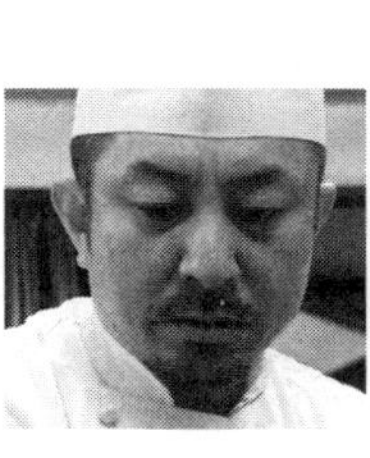

北アルプスのふもと、冬には厚い雪に覆われる古都、飛驒《ひだ》高山《たかやま》。

ここに、全国から客が押し寄せる一軒のパン屋がある。「パンの聖地」とも言われる店の主の名は、成瀬正さん。パン作りの腕を競う世界大会で、地方の個人経営の店としてははじめて日本代表に選ばれるなど、業界では屈指の腕を持つ。

たとえば、店で一番人気のクロワッサン。サクッとした抜群の歯ごたえ。断面図を見るとその凄さがよくわかる。まるで網の目のように均等に広がる内層は、芸術的ですらある。

作り方は、けっして特殊なものではない。生地とバターを二七の層に折り重ね、薄く伸ばして二等辺三角形にカットし、巻いてから焼く。だが、その手さばきは徹底的に考え尽くされ、研ぎ澄まされている。巻く際の一つひとつの所作《しょさ》で、どこに力を入れ、どこで力を抜くか。焼く前に、表面にツヤを出すためにハケで卵を塗る、その塗り方にもこだわりがある。

「(巻いた生地《きじ》の)層の断面のサイドだけは塗らないようにしてるんです。層が卵で接着してしまうと、焼いたとき浮き上がりにくくなる。そういう小さなところの積み重ねが最後になると、かなり大きな結果の差になるんです」

圧倒的な技術を持つ成瀬さん。だが、仕事場から聞こえてくるのは、なぜかぼやきばかり。不満げな顔を浮かべている。

「ほんとうにパンというのは、難しいですよ。同じ人がこねて、同じ人が成形して、同じ人が焼くんですけど、それがなかなか同じ〝顔〟であがらないんですよ」

そう語る成瀬さんの厨房は、店舗の奥に位置している。

生地をこねたりする作業台を真ん中にして、パン生地をこねるミキサー、パンを焼く窯《かま》、ホイロと呼ばれる発酵《はっこう》室が所狭しと並ぶ。七人ほどのスタッフは、将来自分で店を開くことを夢見て、成瀬さんのもとに修業にやってきた若者たち。成瀬さんは毎日この厨房に一〇時間立ち続け、一〇〇種類、二〇〇〇個にもおよぶパンを作るのだ。

まず行うのは、パンの元となる生地作り。作業は繊細そのものだ。

小麦粉に水を加えて丹念に練り、それに塩と酵母《こうぼ》を加えて作る。できあがった生地は冷蔵庫に移し、低温で長時間発酵させ、熟成を待って成形する。大事なのは、その発酵と熟成を、どれだけ正確にコントロールできるかだ。味や香りはもちろん、焼いたときの膨らみにまで影響してしまうという。

そのため、成瀬さんは生地の温度や発酵時間を、状況に応じて細かく管理していく。室温はどうか、湿度はどうか、頭のなかで計算しながら、生地に何度も手で触れ、その感触を確かめ匂《にお》いを嗅《か》ぐことで、ベストのタイミングを見極めようとする。

この生地の状態を誤りなく見極める力こそが、一流のパン職人の証《あかし》なのだ。

「ほんとうに見る気になって見ないと見えてこないです。パッと見とか、そんなふうじゃだめなんで……。そうとう神経を使って生地に対さないと、なかなか見えてこないと思います」

試行錯誤のうえ、傍目《はため》には完璧とも思えるパンが焼き上がった。「一〇〇点満点で言うと何点ですか？」と聞くと、成瀬さんはこう答えた。

「うーん、一〇〇点満点がないので、九八点満点だとすると九〇点くらいですかね。きりがありません、毎日毎日。でも楽しいんですよね、これが。ほんとうに」

パンに一〇〇点満点はない。けっして、現状に満足しない。

そんな成瀬さんの姿勢は、どこから来たのだろう。

成瀬さんは、大正元年から三代続く老舗《しにせ》のパン屋の生まれ。家は学校給食用のパンを主に作ってきた。だが、成瀬さんはずっと、家の仕事は継ぎたくないと思っていたという。しかし大学生の頃、家業を捨てるわけにはいかないと思い直した。東京でパン職人として修業を始めると、持ち前の負けん気の強さでめきめきと腕を上げていく。修業して四年後には、名門ホテルでその腕を認められるまでになった。

二七歳のとき、成瀬さんは地元に店を開く決心を固めた。「ふるさと飛驒高山にも、パンのおいしさを伝えたい」。そんな思いだったという。

評判の店を作る自信はあった。しかし、客が押し寄せたのは最初だけ。開店四日目にして、客足はガクンと落ちた。もともと人口が多くないうえに、東京のように高級なパンを喜ぶ客もそうは多くいない。自信をもって作ったパンが、売れ残る日が続いた。

不運はさらに続く。店を開いて五年後、給食用のパン工場を営んでいた父が、突然ガンで亡くなった。後に残されたのは、工場が抱えていた億単位の借金。建て直す責任は、息子である成瀬さんにかかった。

成瀬さんは悩んだ。「この飛騨高山で、自分の作るパンを理解してくれる客を、これからどれだけ増やせるのだろうか」。冬場は大雪で、客を集めるのは難しい。切磋琢磨《せっさたくま》しあえる仲間も、近くにいない。不安ばかりが募《つの》った。

「都会の技術はどんどん進んでいく。だから焦る。うちの店がもし万が一、都会にあったらどうなるんだろうってずっと思ったりして……」

悶々《もんもん》としたまま、三年が経った。そんなとき、成瀬さんは東京の知り合いから「ヨーロッパのパン屋を見に行かないか」と誘われた。

行き先の一つは、パリから車で五時間かかる、アルザス地方の田舎町。

店に入った成瀬さんは驚いた。並ぶパンは、見たこともないできばえだった。店のシェフは、この街で育ったというジョセフ・ドルフェールさん。じつは、フランスの最優秀職人に認定された名シェフだった。ドルフェールさんは、都会から離れた田舎町で、ただふるさとの人のためにパンを焼いていたのだ。

「ほんとうに、この地域の人って幸せだろうなって思ったんです。こんな最優秀職人のシェフが作るパンがすぐに食べられるなんて」

ドルフェールさんの姿が、高山でパンを焼く自分の姿に重なった。

自分もやはり「高山の人っていいな、成瀬さんの店のパンが食べられるんだから」とみなが言うようなパン屋になるべきではないだろうか……。

成瀬さんは、腹を決めた。

「この場所で、誇りとされるパン屋を目指そう」

成瀬さんは自分のパン作りに、いっそう熱心に没頭するようになった。けっして満足することなく、理想だけを追い求めた。

常に、不満足であれ

「お客さまの満足と、職人の満足はまったく違うものだと思うんです。九五点のパンであれば、お客さまは十分満足するかもしれません。でも、残りの五%がある。この五%が満足できない。いつも満足できない。だからずっと走っている。完全な満足を、ずっと追い求めているんです」

六年後の二〇〇三年、成瀬さんは世界のパン職人が腕を競う「クープ・デュ・モンド」の日本代表に選出。日本チームは世界三位に輝いた。

そして今、成瀬さんのパンの評判は全国にとどろく。だが、どんなに名が知れるようになっても、その姿勢は揺るがない。

「その土地にどうやって根を生やして続けていけるかということのほうが、難しいんです。でも、それこそチャレンジしがいがある。地元の期待に応えていけるということが、僕にとってやっぱり職人としての誇りなんです」

お皿のなかに、作り手の気持ちって絶対入るんですよ

管理栄養士

佐々木十美

子どもたちの食事はどうあるべきか、どう変えるべきか。真剣勝負を挑んでいる女性がいる。

北海道東部にある人口三〇〇〇人ほどの小さな町、置戸町《おけとちょう》の管理栄養士、佐々木十美《とみ》さん。佐々木さんは、じつに四〇年にわたり「学校給食」に関わってきた。毎日の献立を考え、六人の調理員に指示を出し、市内の小中学生二五〇人分の給食を作る。

ふだんはニコニコした笑顔がチャーミング。だが、白衣に着替え調理場に入ったとたん、佐々木さんの目つきは変わる。小柄な体で縦横無尽に調理場のなかを飛び回り、てきぱきと調理員たちに指示を出していく姿は、まさに給食室の〝司令塔〟。納得のいくまで何度も味見を繰り返し、妥協は絶対に許さない。

パン箱のフタを開けると、焼きたての香ばしいにおいが教室中を包む〝手作りパン〟。ニンジンやピーマン、玉ねぎなど、旬《しゅん》の野菜をふんだんに盛りこんだ色鮮やかな〝かき揚げ〟。

一食二五〇円という厳しい制約のなか、食材の産地や調味料に徹底的にこだわり、一年を通して同じメニューを出すことはほとんどない。そんな佐々木さんの給食は、雑誌の特集で日本一にも輝いた。

なかでも名物は、オリジナルのカレー。一九種類のスパイスを炒《いた》め、三週間寝かせて作るカレーは、ちょっと辛口だが、生徒たちは汗をかきながらペロリとたいらげる。食欲旺盛な六年生がおかわりを求めて、大挙して一年生の教室に押しかける。この光景は、小学校の「名物」にもなっている。

佐々木さんの信念は、「子どもたちに、できるだけ多くの味の体験をさせること」だ。

「小さいときからいろんなものを食べておくと、大人になって何か食べ物を買うときに、『そういえば！』って思い出してくれるかもしれないじゃないですか。『給食であのとき、あんまりおいしくないなって思ったけど、大人になって食べたらけっこうおいしいじゃないか』でも良いんです。そういうふうに思い出してもらいたい。そのために、いろんな食べものをたくさん食べてほしいと思ってるんです」

だから佐々木さんは、子どもたちが苦手な野菜の定番、ピーマンやニンジンはもちろん、酢の物や和《あ》え物も毎日のように出す。食べ残しの量が多くても、くじけずに何度も出し続ける。最初はまったく食べられなくても、根気よく出し続けていると一口、二口と食べられるようになるという。

なぜ、そこまで手間をかけるのか。

あるとき、献立作りに悩む新人栄養士に、佐々木さんはこんな言葉を伝えていた。


お皿のなかに、作り手の気持ちって絶対入るんですよ

「おいしそうって、ちょっとワクワクするでしょ。この気持ちが大事。この気持ちも、ちゃんと献立のなかにこもる。作るときのレシピにもこもる。作る人たちにもこもる。子どもたちにまで通じる。そんな思いで、献立を考えるとおいしいものができる」

佐々木十美さんは、名前のとおり一〇人兄弟の末っ子。六歳のとき父を亡くした。家は貧しかったが、母は手を尽くしておいしい料理を食べさせてくれた。そんな母の影響を受け、佐々木さんは次第においしい料理づくりに興味を持つようになった。

ずっと働き続けるために資格をとりたいと思った佐々木さんは短大に進み、栄養士の資格をとる。そして、生まれ故郷の置戸町の学校給食センターに就職した。

当時の町内の生徒数は、小中学校をあわせ一五〇〇人以上。給食作りは多忙をきわめ、毎日お昼までに全員分を作り終えると、脱力して何も考えられないほど疲弊《ひへい》した。

ある日、配膳室に返ってきた食缶を見た佐々木さんは、衝撃を受けた。なかにあったのは、ブヨブヨに伸びきった、冷えきった大量のうどんだった。

「愕然《がくぜん》としたというか、私はこういう仕事をしてはいけないって思ったんです。給食を出してしまえばホッとして終わり、そんな感じだったんですが、そうじゃないと。『おいしかった』という子どもたちの答えをしっかり聞かないといけない。給食を作るだけでは私の仕事は終わらないって思ったんです」

佐々木さんは、試しに麺《めん》とスープを別々に出してみた。すると、食べ残しはみるみるうちになくなった。手間は増えるが、ちょっとした工夫で子どもたちに給食を食べてもらえる。佐々木さんは、すべてのメニューを一つひとつ見直すようになった。

大量に手早く調理するため食材に入っている化学調味料や食品添加物から、子どもたちを守りたいとも思った。そのため、味噌汁の出汁《だし》を煮干しでとり、味噌は大豆から手作りした。調味料も添加物が入っていないものにすべて買い替えた。

しかし、替えた当初、子どもたちからの評判はけっして良いものばかりではなかった。「味が薄くなった」「変な味がする」。そんな声を聞くたびに、佐々木さんは「これも子どもたちのため。次はどうすればおいしいと言ってもらえるだろう」と、レシピや味つけの試行錯誤を繰り返した。

そんなとき、丹念に仕上げた手作りのパンが、食べかけの状態で給食室に返ってくることがあった。なぜだろう。そう思った佐々木さんは、給食の時間になると教室に出向き、子どもたちと一緒に給食を食べながら、その様子をじっと観察した。

そして、気づいた。

「コンビニやファストフードなどの食べ物に慣れ、おいしいと感じるものの幅が狭まっているのではないか?」

子どもたちの毎日の給食を作っている自分に、できることは何だろう?

佐々木さんは自問自答した。食べてくれるようにわかりやすい味にすることは簡単だが、ほんとうにそれで良いのか。給食を通して、子どもたちに食べ物の豊かな世界を知ってもらいたい。そのことが、将来きっと役に立つ。

たどり着いた結論は、今までのやり方をさらに突き詰めること。子どもに媚《こ》びず、本物の味を出し続けることだった。魚は骨つきのまま出す、酢の物は酸《す》っぱいと感じる味にする、辛くなければカレーではない。

その代わり、野菜の切り方を変えたり、揚げ物にしたり、食べやすくするためにできるかぎりの手間は惜しまなかった。毎日、給食の時間には教室を回り、子どもたちと一緒に食べながら、食べてほしいという気持ちを伝える。すると、最初はイヤイヤだった子どもたちも、不思議と、食べてくれるようになった。

「大人になったとき、この子たちがどんな食品を選ぶだろうって思うんです。レストランに行ったとき、どんなものを頼むんだろう。自分の家で何を作って食べるんだろうって。給食は、味覚を育てるための基礎作りだって私は思うんです」

佐々木さんの給食を食べて育った卒業生は、一万五〇〇〇人以上にものぼる。

なかには、給食で好き嫌いを克服した子も少なくない。彼らを訪ねると、かならずこう話してくれる。

「好き嫌いがなくなりました。野菜が嫌いだったんですが、おいしいので、食べられるようになったんです」（町役場職員・女性）

「給食のメニューで山菜とか出てたので、その味が懐《なつ》かしくなって、自分で山菜を採りにいって、料理して食べるようにしています」（町役場職員・男性）

「十美さんのカレー、あの辛さ、具が大きくてスプーンで切らなきゃいけないほど、ごろごろ入っていたのが、忘れられない」（保育士・女性）

佐々木さんは、二〇一一年、定年で給食作りの第一線から退いた。

しかし、食への情熱は衰えることはなく、今は地元の病院や福祉施設などを回って町全体の食をサポートするアドバイザーになった。さらに、仕事の合間を見つけては「食育」についての講演をするため、日本中を飛び回っている。

けっして妥協を許さず、食べることの大切さを一生懸命に突き詰める佐々木さん。その忙しさは当分の間、続きそうだ。

冥府魔道をゆく

心臓外科医
天野篤

二〇一二年二月、日本中が注目した心臓手術が行われた。天皇陛下の冠動脈《かんどうみゃく》バイパス手術である。
手術にあたり、担当医である東大の医療チームは、執刀医を他大学から招聘《しょうへい》するという異例の措置をとった。メスを握ったのは、順天堂大学心臓血管外科教授の天野篤さん。執刀数の平均値が年間五〇という世界にあって、その数はじつに八倍の四〇〇。〝手術の鬼〟と評される、心臓手術のすご腕である。
数だけではない。天野さんは他の病院で手術が難しいとされた患者や救急の患者も、可能なかぎり引き受ける。そのなかで、手術成功率が九八%という高い数字を維持し、「二度連続でミスをしたら、医師を辞める」と言い切る。この成功率の陰には、ひたすら患者を救うために自らに課した、徹底した仕事の流儀がある。

天野さんは月曜日の午前五時頃に出勤すると、着替えがなくならないかぎり土曜日まで自宅には帰らない。教授室のソファで眠る。「通勤時間がもったいない」と、できるだけ現場にいる時間を確保する。ネクタイを着けたままワイシャツを脱ぐ。理由を聞くと「これ（ネクタイのつけはずし）がなければ、三分早い」とあっさり。朝九時から深夜一二時まで、そのほとんどを手術室で過ごす。

手術の現場でも同じだ。本人が「所作」と呼ぶいくつかのふるまいを徹底する。

拍動する心臓に切りこむとき、天野さんは自らの呼吸を患者の心臓の鼓動に合わせる。そして、つま先立ちになり、メスを入れる。これはかつて、自身が大学時代に取り組んだテニスに学んだもの。どんな場所にボールが飛んできても、素早く対応できる「所作」だ。やってみるとわかることだが、このつま先立ちを持続させるのは、きつい。天野さんも、夜中足がつって、痛みで目が覚めることも頻繁にあるという。だが、手術の最中は絶対にその「所作」を崩さない。どんな不測の事態にも三秒の間を置かずに対処する。

さらに、心臓の血管や心臓の弁《べん》を縫いあわせる糸は、五〇分の一ミリという極細の糸を使う。普通であれば、扱いが難しく敬遠される糸だが、よりキメ細かに縫うことができる。

天野さんが得意とする「冠動脈バイパス手術」とは次のようなものだ。心臓につながる大事な血管「冠動脈」が動脈硬化や血栓《けっせん》などでつまったり狭まったりすると、心臓に十分な血液が送られなくなる。このようなケースで、切除しても支障のない体内の別の血管をつなぎあわせて迂回路《うかいろ》（バイパス）を作り、心臓にスムーズに血が流れるようにする。精緻《せいち》な手作業が要求される難手術だ。

多くのバイパス手術の場合、たんに血液が再び流れることが成功とされているなかで、天野さんは〝一〇〇％〟血流が再開することを目標にしている。流れるのは、当たり前のことなのだ。九〇％以上の血流が回復すれば上出来とされるが、術後の血流を検査した血管内科の医師たちは、健康なときとまったく変わらず自然に血液が流れるさまに度肝《どぎも》を抜かれる。

「常に『ばか』がつくぐらい実直にやってますよ。一途一心《いちずいっしん》という気持ちで。それが患者さんに対するメッセージです。この気持ちこそ、患者さんが生き長らえることにつながると思います。少しでもごまかした時点で、そこから先は全部ないんです」

すべてを手術に捧げる——。天野さんの原点には、ある体験がある。

それは、父、甲子男《かしお》さんの死だ。

甲子男さんは、天野さんが高校生のときに心臓病を患《わずら》い、手術を受けた。だが、当時の医療技術ではいずれ再手術をしなければならなかった。いつか、医師となって父を助けたい。その一心で天野さんは勉強に励んだ。三浪の末、日本大学の医学部に合格。念願の医師への道を歩み始めた。

「その時」が来たのは、亀田総合病院に勤めていた三二歳のとき。父の容体が悪化し、二度目の心臓手術を行わなければならなくなった。天野さんは、自分が勤めている病院に父を転院させ、手術をすることにした。まだ執刀医になる力のなかった天野さんは、第一助手として手術台に立った。

甲子男さんは術後一ヶ月で退院したものの、三年経ったあたりから二度目の手術前と同じ症状が出て、三度目の手術を考えなければならない状態になった。

原因は、つけ替えた人工弁にあった。心臓に弁を縫いつけた糸がわずかに緩《ゆる》み、血液の逆流を起こしていたのだ。時間の経過とともに緩みは拡大して心不全を起こすほどの逆流となった。当時の医療技術では避けえないリスクだった。

天野さんは二度目の手術から三年半後に、両親の負担を考慮して実家にほど近い、心臓再手術で評判の高い病院を三度目の手術の場として選び、見学者としてその手術を見守った。だが手術が終わったあとで、甲子男さんの心臓は余力を失い、容体が急変した。その後は次々と合併症が起こり、もはや手の施《ほどこ》しようがない状態だった。

心臓が全身へのポンプ機能を喪失し、もとに戻る可能性がないなかで、父の体には延命治療用のチューブがつながれていた。天野さんはそのチューブを、一つひとつ自分の手で外した。そして思った。

「父は、心臓外科医としてやってはいけないことを、自分の体で教えてくれた。もう二度と同じように悲しむ人を生んではいけない」

壮絶な闘いの日々が始まった。

病院に身のまわりのものを持ちこみ、泊まりこんで患者の治療に当たった。名医がいると聞けば、かたっぱしから訪ね歩き、必死でその技術を学び取った。

それから二三年が経った。心臓外科医として、ひたすらに歩みを続ける自らの境地を、天野さんは、不思議な言葉で表現する。

冥府魔道《めいふまどう》をゆく

冥府とは地獄を意味する言葉だ。出口のない暗闇のなかを、だれの助けも借りずに進まなければならない、そんな意味だと天野さんは言う。

「もう後戻りもできないし脇にも行けない。前に進むしかない。暗闇のなか、何が出てくるかわからない。でもそれは、すべて自分が蓄《たくわ》えた力で解決しなければならないんです。斬《き》られたら負ける。負けたらおしまい。負けたらどうなるか、それはわからないけど、冥府魔道の道をとにかく進むしかないんです」

この言葉を実感する場面があった。

二〇一二年春、天野さんは、年に一、二例というきわめて難しい心臓手術に挑んだ。

患者は、全身の血管がもろくなり、詰まってしまうという難病を患っていた。心臓を動かすための三本の冠動脈がすべて機能せず、いつ心臓が止まってもおかしくない。バイパス手術を施したいが、すでに三度の手術を受け、つなぎあわせる血管は最小限しか残されていない。他の病院で手術は難しいと伝えられ、一縷《いちる》の望みを託《たく》して天野さんの診察を受けたのだった。

天野さんは、綿密なシミュレーションを行い、手術に挑んだ。使用できる血管をすべてつなぎあわせ、バイパス手術に耐えられる長さの血管を作った。そして人工心肺を用い、心臓をいったん止め、バイパスをつないだ。

手術開始から一二時間後、患者の鼓動が再び戻った。

天野さんは、縫合などの措置をスタッフに託し医師待機室へと戻った。

だが、その直後のことだった。患者の容体が急変した。

心臓が停止し、生命維持に危急を告げるアラームが鳴っていた。

手術室のなかは騒然としていた。駆けつけた天野さんは、再び人工心肺を使用することを指示した。そして心臓が止まったのは、バイパスした血管のうち一本が正常に機能していないからだということを探り当てた。

だが、血管をつなぎ直したくとも、使える血管はもう尽きている。周りの医師たちには、助けになる案を示せる者はいなかった。

一度その道に入った以上、自分が蓄えてきた力だけで、道を切り開かねばならない。

冥府魔道をゆく。

天野さんはひたすら考え、一つの可能性を探り当てた。それは、かつてバイパス手術を受けた際に取り出されたはずの大腿部《だいたいぶ》の血管を、再び取り出す方法。歳月が経っていた場合、再び血管は伸びている場合もある。それをバイパスに使うという。

すぐに、大腿部を切開。血管を探る。はたして、天野さんが予測したとおり、大腿部の血管は再びバイパスの材料として使える長さに伸びていた。

一秒を争う手術のなかで、天野さんは正確に、もう一本血液の通り道を作った。人工心肺を外し、血液を心臓に送りこむ。一度目、心臓は動かない。

「もう一回、行くぞ」

もう一度人工心肺から血液を戻す。二度目、三度目、そして四度目のときだった。患者の心臓が再び脈を打ち始めた。手術が始まってから、一四時間後のことだった。命が引き戻された瞬間、手術助手たちは泣いていた。

ある日、天野さんは、自室の引き出しを開け、一つの人工弁を見せてくれた。それは、父、甲子男さんの心臓に縫いつけられていたあの人工弁だった。弱気になったとき、これを見ては自らを奮い立たせるという。

「ほんとうは父親に褒《ほ》められたいだけなのかもしれない」

天野さんは、父を助けたいという子どものときに抱いた夢を、今もひたすらに追い続けている。

II

極限のリスクに挑む、5つの言葉

宇宙飛行だけがミッションじゃなくて、毎日がミッションなんですね

宇宙飛行士

若田光一

「ボクも大きくなったら、宇宙飛行士になるんだ」

若田光一さんが講演会を開くと、周りにはそんな子どもたちが集まってくる。夢やロマンに満ちた宇宙。だが、忘れてはならない事実がある。

宇宙飛行は、死と隣りあわせ。万全の対策を取るその一方で、避けがたく存在する〝恐怖〟といかにつきあうか。

それこそが若田さんの仕事を語る際、避けては通れない大事なファクターだ。

若田さんが宇宙に憧《あこが》れたのは五歳のときだった。

アメリカのアポロ11号が、世界初の月面着陸を行う中継に釘づけとなった。当時、日本人が宇宙飛行士になるなど、夢のまた夢。若田さんは航空工学を学んだあと、飛行機の整

備士として働き始める。そんなとき、宇宙飛行士を募集する新聞記事を見て、封印していた幼い頃の夢が蘇《よみがえ》った。

厳しい選抜試験を経て、ただひとり合格。過酷な研修を経て、宇宙飛行士としてのキャリアを踏み出した。一九九六年に、はじめてのフライト。二回目のフライトでは、ロボットアームを使った重要な作業をすべて託された。

ところが、ショッキングな出来事が起こった。二〇〇三年二月、ミッションを終えて地球に帰還する直前だったシャトルが突然、空中分解。乗組員七名全員が亡くなった。

若田さんは、シャトルの操縦室の残骸や搭乗員の遺品の整理を、同僚と一緒に行った。亡くなった同僚と過ごした瞬間が次々と蘇った。

「黒こげになったヘルメットとかを見て、そこに同僚がいたんだなと。一緒に訓練をしてきた仲間が七人同時に命を落とすという経験はなかったことなので……。やはり宇宙飛行は大きなリスクを伴うものであることを再認識しました」

当時四歳だった一人息子には「宇宙に行くとお父さんは死ぬ。だから行かないで」と言われた。実際、家族の反対で宇宙飛行士をやめる同僚もいた。

どうすればいいのか、思い悩んだ。

そんな若田さんに一つの仕事が与えられた。事故の原因となったのは、シャトルの翼の前縁にある熱防護材の損傷だった。今後、その傷の有無を宇宙滞在中に調べることができないか。そんな装置の開発に参加することになったのだ。

現場の宇宙飛行士だからこそ言える、装置開発に役立つアイデアを一つでも多く出そう。若田さんは他の宇宙飛行士の協力を得て装置の開発試験に取り組み、NASA宇宙飛行士室としての、開発についての意見書をまとめる仕事に打ちこんだ。

その仕事は若田さんにとって、宇宙飛行士という仕事をあらためて深く見つめ直す契機となったのかもしれない。その過程で、リスクに対する恐怖とは別のもう一つの思いが強くわき上がってきたという。

「恐怖を克服するために、やっぱり彼らの志を継いで、自分ができること、安全に宇宙に行くためにできることは何か、というのを考えながらやりました。たとえリスクがあっても、私たちが宇宙に行くことによって得られるものはある。リスク以上のものがあると」

若田さんはその後、三度目の宇宙を体験した。日本人としてははじめて、国際宇宙ステーションでの長期滞在ミッションを行い、日本の宇宙施設「きぼう」を完成させるなど、大きな功績を残した。

若田さんはこう考える。

「危険がどこにあるかというのを絶対に見逃さないという姿勢で、なるべく隠れた、潜んでいるリスクを見つける。そんなに簡単なことじゃないですよね。リスクというのははかならずいつまでもあるものですけど……それを一つひとつつぶしていくことで、リスクに対する恐怖を克服できるのではないでしょうか」


そして今、若田さんは次のチャレンジに向け、着々と準備を進めている。

二〇一三年末から半年間にわたり、国際宇宙ステーションに長期滞在する。若田さんは長年の実績を買われ、コマンダー（船長）を務める。日本人初の快挙だ。

地上四〇〇キロにある宇宙ステーションは、日本、アメリカ、ロシアなど一五ヶ国が協力して運用している。サッカー場一つ分ほどの巨大な有人実験施設で、さまざまな科学実験や天体・地球観測、新技術開発、そして巨大システムの維持作業を毎日行っている。船長は、そこでの日々の作業をスムーズに行うためにクルーをまとめるとともに、万が一緊急事態に陥ったときにも、適切なリーダーシップを行使して、クルーの安全を守り宇宙船の機能を維持する重責を担う。

そんな若田さんの毎日は、途方もない量の訓練をこなし続ける厳しいものだった。

フライトまでに、システムや科学実験に関する項目を約二五〇〇時間かけて習得する。

さらに船長の場合、搭乗する他のメンバーの仕事も把握しなくてはならない。その勉強に、約五〇〇〇時間。マニュアルの量も膨大で、宇宙ステーションの緊急時対応の手順書だけでも三五〇〇ページにおよぶ。

体を鍛えるトレーニングも欠かさない。撮影当時、四八歳だった若田さんの体は驚くほど強靭《きょうじん》だった。全身の筋肉の維持と、心肺機能の強化を怠《おこた》らない。

若田さんは、そんな訓練漬けの日々をこう表現する。


宇宙飛行だけがミッションじゃなくて、毎日がミッションなんですね

「今、私が担当している仕事を一つひとつきちんとやっていくということが、ほんとうに毎日のミッションだと思いますね」

番組では、ロシアの有人宇宙飛行の訓練拠点である「星の街」で、訓練に挑む若田さん

の姿も取材した。打ち上げと帰還に用いるソユーズ宇宙船や、宇宙ステーションのシステムなどの訓練を受けるためだ。きわめてハードな訓練を、若田さんは淡々と、そして黙々とこなしていた。

　カメラの前で、人なつっこい笑顔を見せるイメージが強い若田さんだが、実際の日々を追うと、地味で苦労ばかりに見える。そう聞くと、若田さんはこう答えてくれた。

「結局、それぞれの人が置かれた環境のなかで、どこまで頑張れたのかというのが、その人に対する評価につながるべきだと思います。

周りはいくらでもごまかせると思うんですけれども、自分には嘘はつけないですよね。私、センスはないですけど……好きで入った仕事ですし、やっぱり自分で選んだ以上、そのなかで最善を尽くすというのかな、自分には妥協しないというのかな、そういうつもりで生きています」

　人類が宇宙に飛び立ってから半世紀。それは、先人たちの志を受け継いできた者たちの格闘の歴史でもある。その壮大な挑戦の最前線に、若田さんは立っている。

一歩も引かない、ひるまない

医師 谷口修一

谷口修一さんのトレードマークは、岩のような風貌だ。
生粋《きっすい》の薩摩《さつま》男児の谷口さんの好物は、芋焼酎。そして、同郷の英雄・西郷隆盛をこよなく愛する。

「鹿児島の人は、だれも西郷隆盛なんて言わんばい。『西郷さん』とか『西郷どん』とか呼ぶんよ。ええやろ」

そう言ってガハハと豪快に笑う。谷口さん自身、周囲から「血液内科の西郷どん」と呼ばれることもある。もちろん体格も大柄だが、大らかな人柄が何よりの魅力だ。

谷口さんは、白血病をはじめとする血液疾患の名医として名を馳《は》せる。

他の病院で打つ手がないと言われ、余命数ヶ月と宣告された患者が、谷口さんを頼ってやってくる。どんなに難しい患者でも谷口さんはけっして治療を断らない。患者に「生きたい」という意志があるかぎり、どこまでも共に闘い抜く。それが谷口さんの信念だ。

白血病は、女優・夏目雅子さんや歌手・本田美奈子さんをはじめ、数々の悲劇を生んできた病だ。白血病になると、正常な血液が作られなくなる。とくに問題となるのが、血液細胞の一種・白血球が異常に増加することだ。

白血球は、体内に侵入してくる細菌やウイルスを殺す「免疫」を担っている。白血球が異常に増加すると患者の免疫力は著しく低下し、さまざまな病気にかかってしまうのだ。肺炎や脳炎など、重篤《じゅうとく》な感染症で命を奪われるケースは非常に多い。

谷口さんが引き受けた患者のうち、助かるのは三割ほど。けっして高い数字とは言えない。だが、余命宣告された患者にとって、助かる可能性があることは大きな希望となっている。

「昨日までは目の前が真っ暗でしたけど、谷口先生に会って明るくなりました。まだ生きるチャンスがあるんですね」（六八歳・男性）

「いろいろと病院を回りましたけど、谷口先生の治療で駄目だったらあきらめます。これで死んだら、それは私の寿命なんです」（七〇代・男性）

患者に委《ゆだ》ねられた命を背負い、谷口さんは白血病に闘いを挑む。

その治療の切り札となるのが「造血幹細胞移植《ぞうけつかんさいぼういしょく》」。正常な血液を作る造血幹細胞を他人からもらい、患者のものと入れ替える方法だ。谷口さんのチームは、その移植の実施数で全国一の実績を誇る。

しかし、重症患者の治療は困難を極める。

血液疾患の治療は、感染症との闘いでもある。たとえば、肝臓を守るために投与する薬の副作用は、腎臓《じんぞう》に現れ、腎不全《じんふぜん》を引き起こすこともある。脳が感染して脳炎になれば、植物状態になってしまう恐れもある。まさに、泥沼のような状態だ。患者は、心身ともに極限状態に追いこまれる。取材中、夜中に病室からすすり泣く声が漏れてきたこともあり、白血病治療の苛酷《かこく》さを思い知らされた。

そんな壮絶な闘いを続ける谷口さんには、口ぐせがある。

一歩も引かない、ひるまない

「医者があきらめたら、患者さんは死ぬ。もうそこで終わりなんよ。たしかに目の前にあるのは負け戦《いくさ》や。だけどそれを何とかして勝ち戦に変えていくんや」

部下の若手医師や、ときには弱気になった患者たちをも叱咤激励《しったげきれい》しながら、自ら闘いの先頭に立ち続ける谷口さんの姿は頼もしい。

だが、谷口さんが「一歩も引かない」という言葉を口にできるまでには、長い時間がかかった。

谷口さんが医師になった昭和五〇年代末は、移植治療が日本に広まり始めた頃。まだ手探りの状態が続いていた。若い谷口さんを待ち受けていたのは、想像を絶する日々だった。必死で治療をしても、患者は次々と命を落とした。急変を知らせるポケットベルは、毎晩のように鳴った。「治ったら早く学校に行きたい」という言葉を残して亡くなった高校生、幼稚園に通う幼い息子を気にかけながら逝った若い父親。そして、泣き崩れる遺族の姿が脳裏に焼きついた。谷口さんは無力感に襲われ、心身ともに追いつめられていった。

そして三三歳のとき、谷口さんは病院を辞めた。アメリカの大学に留学し、研究生活を送ることにした。周囲には、知識研鑽《けんさん》のための修業だと言っていた。だが、ほんとうは逃避行だった。地獄のような生活から逃げ出すためだった。

アメリカの田舎町でのんびり過ごす時間は、心身が浄化されるようだった。渡米から一年が経つ頃には、新しい研究も軌道に乗ってきた。

谷口さんは、一生このまま海外で暮らすのもいいかもしれない、と思い始めた。

だが、夜寝ていると〝あの音〟が聞こえてきた。

「ふっとね、ポケットベルが鳴ったような気がするのよね。ハッと。おっ、患者さんが、とか思うのよね」

幻聴だった。夜中、目が覚めると、病院のことが頭に浮かんできた。患者たちはどうしているのだろうか。後ろめたい気持ちが拭《ぬぐ》いきれなかった。

「でも、病院辞めますって自分から日本を出てきた以上『患者さんどうしてますか？』なんて病院にノコノコ電話できんやろ？　仮に聞いても、僕に何ができるわけでもないし。今から思えば『残してきた患者さんには申し訳ない』、でも『帰っても救えない』という葛《かっ》藤《とう》状態だったんでしょうね」

ちょうどそんな折、病院の院長から国際電話がかかってきた。谷口さんの揺れる気持ちを察したかのようなタイミングだった。

病院に戻ってこないか、という内容だった。院長は最後にこう言った。

「患者さんが待っている」

その言葉に、谷口さんはハッとした。「患者のために」というのは医者にとっては当然のこと。だが、無力感に襲われていた谷口さんには、深く染みこんだ。

いくら過酷な状況だったとはいえ、逃げ出した自分が恥ずかしくなった。とっさに返事をしていた。

「はい、帰らせてください」

谷口さんは腹を決めた。もう二度と逃げない。一歩も引かず、病気と闘い抜く。

「気づいたら自分の身体が勝手に返事をしていた、みたいな感覚やね。日本に帰ったところで、どれだけの人数の患者さんを救えるかはわからんかった。でも、一人でも二人でも救うために、もう逃げたらアカン、逃げたくないって思ったんです」

日本に戻った谷口さんは、無我夢中で治療に当たった。

相変わらず厳しい状態は続いた。だが、谷口さんは走り続けた。

帰国して八年後の二〇〇五年頃には、体力のない高齢者や重症患者でも受けられる移植方法「臍帯血《さいたいけつ》ミニ移植」という手法も確立した。現在、その方法は全国に広がり、多くの患者がこの治療法で救われている。不治の病と言われた白血病に、光が差しこみ始めた。

一〇年前から、谷口さんは東京・虎の門病院で血液内科の部長を務めている。管理職となっても外来を担当し、自ら治療方針を立てる現場主義を貫いている。

今日も、豪快な声が病棟に響く。

「勝負や。一歩も引いたらいかん」

空の呼吸を、読む

旅客機パイロット
早川秀昭

二〇一一年一一月、羽田空港。大勢の航空ファンと取材陣が注目するなか、一機の飛行機が飛び立った。ボーイング社が一六年ぶりに発表した新型機・787型機の定期便一号

機だ。新型機の一号機を日本の航空会社が受け取り、世界に先駆けて定期便を就航させるのは、史上はじめて。その記念すべき機体を操縦していたのが、操縦歴三〇年のベテランパイロット、早川秀昭さんだった。

その一ヶ月前のこと。

新型機の世界初就航をひかえ、早川さんは多忙な日々を過ごしていた。早川さんの肩書きは、787訓練部部長。仕事は大きく二つあった。

一つは世界初就航に向けたテストフライトの実施。そしてもう一つが、787を操縦するパイロットの育成だ。パイロットの免許は、操作ミスを防ぐため機種ごとに限定される。そのため、新型機の導入にあたっては、それまで他の機種を操縦していたパイロットたちを再訓練し、免許を取得させる必要があるのだ。

早川さんは自分の使命を「命を守る砦《とりで》の砦」と表現する。

飛行機は、乗客の安全で快適な旅を保証する「命の砦」でなければならない。ならば、パイロットは「命を守る砦」のさらなる砦でなければならない。

のべ七〇回にもおよぶテストフライトに、早川さんはまさにその「砦」を築くべく挑んでいた。目に見えない、操縦時に感じる感覚的な違和感までも逐一《ちくいち》整備士たちに伝え、改善に改善を重ねていた。

「九九・九九九％完成していても、部品の数からいったらどこかが壊れているはず……と思って仕事にあたっているんです。機械は信頼するけど、絶対とは思っていない。そのために僕らは乗っているんです」

ミスの許されないパイロットという仕事。航空機の操縦の極意を、早川さんはこんな言葉で表現する。

空の呼吸を、読む

航空機の操縦は、空の呼吸、つまり「空の環境の変化」をいかに読むかがポイントだ。実際の早川さんのフライトを観察すると、その意味が見えてきた。

まず出発前、飛行プランを検討する際のこと。早川さんたちパイロットは地上職員が作成した計画をもとに、その日の天候などから飛行する高度やルートを決定する。

高度別の気圧図、温度の変化を示す断面図など、素人目には難解な一〇種類近くにもなる天気図をつぶさにチェックする。取材を行った冬、早川さんがとくに気にしていたのはジェット気流だった。

「今年一番の冬型、寒気が入っているので、強いジェット気流があります。多分、上昇下降中には揺れますね」

強烈なジェット気流を避けるため、その上を飛ぶか下を飛ぶか、副操縦士と相談しながらルートを決めていく。

さらに離陸後、上空では早川さんはたえず、外の様子に気を配っている。注意して見るのは一五〇キロ先の景色だという。

「たとえば煙突を見ると、煙がまっすぐ立っていれば、下の風は穏《おだ》やかなんだなと思うでしょ。海の波の立ち方もそうです」

一五〇キロ先の景色はつまり、およそ一〇分後に到達する地点の状況だ。これから飛ぶ経路の情報を、常に頭に入れておく。

自動操縦システムが発達する現代の旅客機であっても、天候などの未来は予測できない。空の情報を的確に読み取って、未来を予測し乗客の安全を守る。これこそがパイロットの役目なのだという。

そして、いよいよ着陸。悪天候の場合などにはとくに注意を要する。早川さんは悪天候の際の着陸のコツを、こんなふうに話してくれた。

「風だって一年中吹いているわけでもないし、雨にもじつは〝周期〟があって、一〇分間激しく降ったら二〇分間はお休みといった、『空の呼吸』があるんですよ。だからそこと仲良くなって、風や雨が弱いところをねらっていけば、別になんともないんです」


豊富な経験に裏打ちされた、早川さんの安全への思い。

その原点は、パイロットになったばかりの一九八五年に起きた、史上最悪の日航機墜落事故だ。そして、若くして交通事故で命を落とした兄・忠男さんの存在も大きい。大事な人を不慮の事故で失ったときの、途方もない悲しみを想像し、「家族を失うといったことは、何があっても起きてはいけない」と常に胸に刻みつけている。

新型機787の訓練では、訓練部部長の早川さんが課した厳しい内容に、周囲から戸惑いの声もあがった。しかし、早川さんはこう言いきった。

「最大限のパワーで臨んでこそ、パイロットの人間性が試される。限界ギリギリまでやって身につけなければならないものがある。命を預かる仕事だから」

二ヶ月の厳しい訓練を終えて、訓練生たちが初フライトを無事に終えたときも、早川さんは「まだここからがスタートだ」と気を緩ませなかった。

「時代は変わり、空の環境も変わっていきます。だからこそ『安全』には『これでいい』というものはない。常にさまざまな対策を講じ続けなければ、その時代の『安全』から取り残されてしまいます。歩みを止めてはならないんです」

リスクは、人として生きている証

介護福祉士
和田行男

ピンチに立たされたとき、自分の信念が試される。
そう信じて現場で闘い続けるプロがいる。介護福祉士、和田行男さん。認知症になって

も介護の仕方によっては「普通に生きる姿」を維持できると、先駆的な取り組みを続けてきた認知症介護のエキスパートだ。

かつては認知症になれば、体をベッドや椅子に拘束され、部屋や施設に鍵をかけられるなど、多くの行動が制限されることが当たり前だと思われていた。そうした状況に疑問を感じた和田さんは、認知症の人たちが家庭的な環境のもとで、少人数で共同生活を送る「グループホーム」の運営に東京や名古屋で携わり、さまざまな挑戦を続けてきた。

たとえば、和田さんの施設で暮らすお年寄りたちは、自分でできることは自分でする。包丁を握り、火を使って料理をし、洗濯、掃除を行い、街へ買い物や散髪にも出かけていく。

もちろんすべてを完璧にこなせるわけではない。怪我《けが》や事故のリスクも常にある。それでも和田さんは、お年寄り一人ひとりの認知症の度合いや身体能力などを見極めながら、できるかぎり「普通の暮らし」を維持できるよう支え続ける。

「介護っていうのは、やっぱりその人の持っている力を、生きていくのに必要なことのために引き出していくことだと思うんですけど。僕は最期まで人として生きてほしい。持っている力を自分で使いこなせなくなっているのが認知症だと思うから、使えるように応援していくのが僕の仕事かな」

しかし、こうした介護のやり方には、常に大きなリスクもついて回る。

今回密着した現場は、開設まもない名古屋のグループホーム。事件が起きたのは撮影四日目のことだった。朝、撮影クルーが和田さんの施設を訪れると、そこにはパトカーが停まり、警察官が施設の管理者に事情を聞いていた。入居して二週間ほどのおばあさんが朝から行方《ゆくえ》がわからなくなったという。

和田さんの施設では、夜間を除いて鍵をかけていない。基本的にお年寄りたちの出入りは自由だ。もちろん鍵をかけないぶん、入居者が外へ出れば職員が付き添ったり、扉の開閉を伝えるブザーをつけたりするなどの安全対策は講じている。しかし、この日は朝食のあと、職員が一瞬目を離した隙に出て行ってしまったのだという。

私たち撮影クルーは全員「とんでもないことが起きた」と思った。一人のお年寄りの命が失われることだってありうる。このままカメラを回し続けていいものか逡巡《しゅんじゅん》する私たちに対して、和田さんが言った。

「こうした事態を招いた私はプロ失格です。でも、すべてを撮ってください。これも介護の現実ですから」

和田さんには覚悟があった。介護の世界に入って二五年。こうした事態が起きるのは一度や二度ではない。事件が起きるたびに、和田さんは大きな批判を浴びてきた。しかし、和田さんは自分のやり方を曲げることはなかった。

けっして忘れることのできない一つの出来事がある。

まだ、介護の世界に入ったばかりの頃。国が主催した研修で訪ねた施設で、和田さんは一人のおばあさんと出会った。おばあさんは、転落防止用の高い柵《さく》に囲われたベッドの上に座っていた。和田さんが近寄ると、施設の職員が「気をつけてください」と言った。その言い方が、まるで檻《おり》のなかの動物を扱うような口調に思えたという。

「なんか、すごく複雑な思いでその方を見ていた記憶があるんです。僕が夕焼け小焼けの歌をふと口ずさんでみたんですね。そしたら、その方もあわせて歌い出したんですよ。いやあ、こんな檻のなかみたいなところに入れられて、気をつけてくださいねって言われている人が、夕焼け小焼けを歌うやろかと」

認知症になってもすべてが失われたわけではない。最期まで人として普通に暮らす姿を支えるような介護をしたい。その思いを強く胸に刻み、和田さんは現場で挑み続けてきた。

施設からおばあさんがいなくなって七時間。撮影クルーは、捜索を続ける和田さんに密着していた。今、このときだからこそ聞いておきたい疑問をぶつけてみた。

「こういう事態が起きても、鍵をかけようとは思わないですか？」

「思わないですね。二四時間、三六五日施錠せいとはならないんですよ。それをしちゃえば、ほとんど完璧にもう二度と起きないということになるんですけど、そこには頭はいかないですね」

さらに疑問を重ねた。

「そのことに迷いはないんですか？」

和田さんは、一瞬の間を置いて、答えた。

「迷いますよ。葛藤《かっとう》だらけですよ。いっつも揺れていますよ。僕が頭で考えていることとか、あるいはやっていること、やろうとしていることっていうのは、押しつけじゃないか、やらせていることじゃないか。ずっと自問自答しています。僕の葛藤なんですね」

それでも和田さんは、これまで幾度となくやってきた危機のたびにこう自分に言い聞かせてきたという。

リスクは、人として生きている証

「自分のために、自分ですることがあるっちゅうのが生きている証で、そこはリスクが全部くっついてくる。それが、人が生きるっちゅうことかなって。だから、それを応援していきたい。認知症の方って、ずっと、自分の意思を行動に移すことを止められてきたんですね。止める方法は、薬漬けにするとか、縛りつけるとか、施錠するとか、いろんな方法がありますけども。でも、人間にとって何が素敵かっていうと、それは自分の意思を行動に移すことでしょう。脳が壊れたからといって、その人間にとって一番素敵なところを奪ったらアカン。できるだけそのことを守っていくというか、守り手にならなアカンって、やっぱり思ってるんですよ」

おばあさんの行方がわからなくなってから一五時間後。警察から電話が入った。見つかったのだ。おばあさんは外に出て歩いているとき、名古屋で有名な神社の看板を見て、そこに行きたくなり、さまよっていたのだという。その顔は晴れやかだった。

和田さんは、おばあさんとの再会を心から喜び、私たちに言った。

「僕は、婆さんず解放運動の戦士ですからね。闘い。うん、闘いだね」

誰も見てるわけないんですよ、でも、それをやれる自分が誇りなんです

潜水士
渋谷正信

水のなかを仕事場とする「潜水士」という特殊な職業がある。

分厚い鉄骨を切断し、ボルトで構造物を組み上げ、ときには重機も操縦して水中工事を行う。ふだん人目に触れることはないが、港や橋の建設などに欠かせない重要な仕事だ。文字どおり、水面下で日本を支えている。

この潜水士として日本のトップに立つのが、渋谷正信さんだ。

水中作業のスペシャリストとして、レインボーブリッジや東京湾アクアライン、羽田空港D滑走路など、数々の大プロジェクトを支えてきた。業界では「渋谷にできない仕事はあきらめろ」とさえ言われる。これまでの潜水時間は三万五〇〇〇時間を超える「水中の鉄人」だ。

渋谷さんは日々、全国を飛び回っている。水中作業専門の会社を経営し、常に一〇以上の現場を抱えている。

たとえば、神戸港の拡張工事では「水中バックホウ」という特殊な重機を投入し、その先端につけたポンプで土砂を吸い上げ、海底を一メートル深くする工事を指揮した。より大きなコンテナ船が入れるようにするなど、国際競争力を増すための重要な工事だ。

水中工事は、チームワークがきわめて重要だ。海に潜って作業をする「ダイバー」。そのダイバーにホースで空気を送りこむ「送気員」。有線電話で水中と陸上との連絡を取る係やケーブルをさばく係など、すべての作業員が力を発揮してはじめて工事は成功する。

渋谷さんは、そのすべてを統括する。自ら現場に潜り、安全を確認したり、工事の仕上がりをチェックしたりする。六〇歳を超えた今も、年に二〇〇日近くは潜るという。

水中作業は、常に危険と隣りあわせだ。

重機と接触したり、呼吸する装置に不具合が起こったりすれば命の危険と直結する。しかも、視界はときに数十センチ。周りを見渡し危険を予測することも難しい。

そんな過酷な状況で、渋谷さんはまるで周りが見渡せているかのように、スムーズに水中を動いていく。ふだんは柔和で端正な顔立ちの渋谷さんだが、仕事に向きあう眼光は猛《もう》禽《きん》類のように鋭い。

「イメージがすぐ湧くんです。こういう間隔でポンプを置いてけばいいなとか、ポンプはこう動かすとか、ダッとこう『絵』になって見えてくる。見えないんだけど、見えるんですよ」

豊富な経験から築き上げられた、渋谷さんならではの感覚。その感覚を裏打ちしているのは、徹底した準備だ。現場の天候、工事の段取り、その一つひとつを腑《ふ》に落ちるまで確認する。「臆病なほど完璧に」と自ら表現するほどだ。

渋谷さんは言う。かつて自分よりも技術の高い先輩ダイバーは何人もいたが、次々と体を壊したり、命を落としたりしていった。そこに共通していたのは、恐れを知らない「豪傑肌」タイプであること。たとえば、現場に来てサッとボンベを担《かつ》ぎ、「俺に任せとけ」とばかりに豪快に海に飛びこんだ先輩は、鉄の棒が足に突き刺さって再起不能となった。見えない水中には、鉄の棒が突き出ていたのだ。

渋谷さん自身も、危険には何度も遭遇した。水深わずか二メートルの川での作業で、足が水底のロープに引っかかり、溺《おぼ》れかけたことがある。だからこそ渋谷さんは、今でも初心者のように一つひとつの装備を点検し、潜水するときにもけっして飛びこまず、そろりそろりと海に入る。
この危険と隣りあわせの仕事に、渋谷さんを駆り立てているのはいったい何なのか。渋谷さんの言葉がある。

誰も見てるわけないいんですよ、でも、それをやれる自分が誇りなんです

「水のなかでこんなことやってるの、誰も見てるわけないいんですよ。でも、やらなきゃっていう気持ちが、ドドドッと入るんです。人目につかない、紹介されることも少ない、しかもときに危ないこともある。でも、それをやれる自分が誇りだと思うんです。やっぱり自分たちでないとできないじゃないですか。それを任せられたときに、とてもやりがいを感じると思うんですよね。この人生で、自分に課せられた仕事だと思うんですよ」

二〇一二年四月、渋谷さんは千葉・銚子《ちょうし》沖の荒海の海底をならし、洋上風力発電の土台を作るという超難工事に関わっていた。実現すれば、日本ではじめてとなる本格的な洋上風力発電。じつは東日本大震災の直前に請け負った仕事だが、震災で工事は中断。一年後にようやく工事が再開となり、再び渋谷さんに出番がやってきた。その意味合いは震災前と比べものにならないくらい大きいものとなった。

だが、工事は予想以上に難航した。

風力発電ができる場所ゆえ、風はきわめて強い。そのうえ、悪天候などで作業がまったく進まない。水中バックホウを入れるにも、強風で作業員の安全が保てないのだ。

そんなときは、さっさと酒でも飲んで寝て英気を養うべし、というタイプも潜水士の世界には多い。だが渋谷さんは、気圧配置などから常に天候の変化を予測し、空いた時間には若手の訓練を行うなど、けっして備えを怠《おこた》らなかった。

長い経験のなかでも、まれに見る悪条件。だが、渋谷さんは落ち着いていた。

「間違いなく、どこかで突破口は見つかるんです。何十年もやってて、そう思います。だから絶対にあきらめない。海から目を離さない。そこで目を離すと、負けちゃうんです」

五月に入ると、ようやく天候が安定してきた。

風が弱まった間隙《かんげき》をついて、渋谷さんは作業船を出した。現場に着くと、渋谷さんは文字どおり、海から目を離すことはなかった。タイミングを見計らい、チームに指示を出しながら、水中バックホウをみごとに海底に沈めた。

ようやく、工事は進み出した。

一〇月には、海面からの高さ一二六メートル、ローター直径九二メートルという巨大な洋上風力発電設備が姿を現した。そして、二〇一三年三月四日には本格的な実証運転を開始した。

現在、発電した電力を陸上に送電し、風車の信頼性を高め継続的に発電を行うために不可欠なメンテナンス技術など、沖合洋上風力発電の導入や普及に必要な技術の確立を目指して、研究が進められている。

Ⅲ 新しいものを生み出す、6つの言葉

裏切らないようにしたいなって、それだけなんです

料理家

栗原はるみ

作ったレシピは四〇〇〇種。料理本の発行部数は累計二二〇〇万部。栗原はるみさんの実績は、圧倒的だ。
そのレシピはこの二〇年間、毎日の家事をこなす主婦たちを陰ながら支えてきた。「揚げ鶏のねぎソース」など家庭で定番となった料理も数多い。料理を本格的に学んだことはないという栗原さんだが、主婦としての経験を生かし、毎日の献立に悩む主婦の立場に立ったレシピを世に送り出してきた。
めざす目標は「一〇〇人が作ったら、一〇〇人おいしく作れるレシピ」。たとえ料理の初心者であっても、レシピのとおりに作ればおいしくできあがることに徹底してこだわる。
しかし、そのようなレシピを作るのは容易なことではない。

陽光降り注ぐキッチンで、日々料理と向きあう栗原さんは一見、じつに楽しそうだ。だがここで繰り広げられるのは、じつにシビアな、終わりのない闘いだった。

二〇一一年の夏、栗原さんはリンゴと闘っていた。

秋に向けての新たなメニューの一つとして、フランスの家庭で作られるデザート「タルトタタン」に挑戦したいという。リンゴをパイ生地《きじ》と合わせて焼き上げる一品で、ちょっとしたパーティなどでも喜ばれる、素朴《そぼく》な味わいのお菓子だ。

レシピ作成はまず、料理を実際に作ってみるところから始まる。栗原さんは大まかな作業の流れを頭に入れただけで、どんどん自分流に進めていく。

リンゴをバターと砂糖で煮て、型に入れその上にパイシートを載せていく。それをオーブンに移して焼き上げ、最後にひっくり返してできあがり。シンプルだが、それだけに焼き時間の加減やタイミングが難しい。

数日後、ようやく納得のいくタルトタタンができた。焼き加減も抜群だ。

だが、栗原さんの仕事はこれでようやくスタートラインに着いたところ。これから、「一〇〇人が作ったら、一〇〇人おいしく作れる」レシピ作りが本格的に始まるのだ。

だが、それは想像以上に困難な作業となった。

まずぶつかったのは「火加減の壁」。自分で作るのであれば、炎を見ながら微妙な調節ができる。だが、シンプルなレシピではとても繊細な表現などできない。弱火・中火・強火、この三つをベースに、微妙な火加減を表現しなければならない。栗原さんは火の強さの変化をこの三つで表現できるよう、何度も試作を繰り返した。

同時に問題となったのは、リンゴに含まれる水分にばらつきがあることだった。そのため、同じ煮方をしてもできあがりが毎回違ってしまう。ある程度、質のばらつきがあっても、おいしくできる手順はないものか。

試作は二〇回を数えたが、作り方はまとまらない。栗原さんはいつも、納得がいくまで何度も試作を繰り返すが、ここまで悩むことはめったにないという。

「飽くなき戦いね」そんなつぶやきが漏れるようにもなった。

挑戦を始めて一五日目、栗原さんは珍しく不安を口にした。

「不安になってくるんですよね、何回もやってると。三日前かな、夫に相談したりとかして（笑）。夫が言うんです。『だれでも作れる料理をあなたは望むんでしょ』って。『一〇〇人のうち六割ぐらいが上手に作れればいいのではなく、一〇〇人全員に上手に作ってほしいんでしょ』って。それはそうなんですよね（笑）」

そう言うと、栗原さんはまた試作に戻っていった。
なぜ、そこまでしてレシピの完成度にこだわるのか、そう聞くとこんな言葉が返ってきた。

裏切らないようにしたいなって、それだけなんです

「生まれてはじめて料理をやってみたいと思った人が、一番最初に私の料理を試して、失敗しちゃったら、私のこと嫌いにならない？　料理ってやっぱり難しいなって思われないようにしたい。裏切らないようにしたいなって、それだけなんです。あなたのレシピは信頼できる、それで料理が好きになったって言われたら、それは最高の私へのプレゼントですよね」

栗原さんは、自分がいったん作ったレシピを安易に信じないようにしている。試作を何度も重ねてできあがったレシピであっても、それが完璧だとは思わない。もっと良いレシピはないか、常に考える。

この栗原さんの「強さ」はどこからくるのだろう。

栗原さんは、静岡県下田の印刷業を営む家に生まれた。親の言いつけを守る素直な子だったという。母親の博子さんは朝四時には起きて家事を完璧にこなす人だった。はるみさんは博子さんから料理を学んだという。短大を卒業すると実家に帰り、そのまま家事を手伝いながら日々を過ごした。

そんななか、下田に遊びにきていたテレビの人気キャスター、栗原玲児さんと出会い、恋に落ちた。住む世界が違うと親は猛反対したが、それを押しきって結婚。親の言いつけに背《そむ》いたのは、はじめてのことだった。

結婚生活がスタートしてみると、どう家事を切り盛りするか、とまどうことも多かったという。

「今から思うと、自分は情けない人でした。そんなこと自分で決めたらって思うことも、当時はなんでも夫に聞いていた気がします」

栗原さんは、必死で家を明るくする方法を考えた。とくに、かけがえのない家族のために料理に力を入れた。栄養たっぷりのニンジンに、ツナとマスタードを合わせたシンプルな料理は、家族が大好きな定番メニューの一つになった。子どもがたくさん友達を連れてきたときに一工夫して作った、具だけを炒《いた》めて温かいご飯に混ぜただけの「中華混ぜご飯」。みなにせがまれる人気メニューになった。

その料理のレベルの高さに、目をつけた人がいた。玲児さんが家に連れてきたテレビ関係者が、料理番組の裏方をしてみないかと提案。栗原さんは裏方として三年間働いたあと、出版社に声をかけられ、雑誌に料理を発表したり、レシピをまとめて本を出したりするようになった。

すると、本は異例の大ヒット。栗原さんは一躍、時の人となった。ついには、栗原さんの生活をまるごと紹介するパーソナルマガジンまで創刊されるようになった。

「最初のときに、レシピは出し続けられる？って聞かれたと思います。頑張っているうちに、年間四〇〇点、一〇年で四〇〇〇点になりました。一年三六五日しかないのに、四〇〇って我ながらすごいですよね。だからちょっとやり過ぎかなという気もしなくはなかったですね。正直」

レシピのなかに、料理の楽しさが表れていないと思うときもあった。「いったい自分は何をしているんだろう」そんな葛藤を抱き続けた。

覚悟を決めたのは、四〇代も半ばを過ぎた頃だった。

「自分の進む道は、自分で決めよう」

意識的に仕事の数を減らし、レシピをまとめるときは、そこに自分の家族のエピソードも書き入れてみたり、さまざまな工夫を凝らすようになった。家庭料理の魅力を通して、家族を喜ばせる楽しさを伝えること。これが栗原さんの原点となった。

だからこそ栗原さんはレシピ作りに絶対、手を抜かない。レシピを読み、料理を作ってみようと思った人の幸せを、何よりも守りたいと思うからだ。

「タルトタタン」の挑戦を始めて、じつに一ヶ月。

栗原さんは笑顔で、四九回目の試作を行っていた。問題点をつぶしにつぶし、リンゴの煮方で決め手になるのが「最後の三分」であることをつきとめた。この最後の三分で、強火にする。平易なやり方だが、これなら水分に多少のバラつきがあってもおいしくなる。

栗原さんは、最終の原稿を固めるその日まで、ゲラに直しを入れ、レシピのブラッシュアップを続けた。使うリンゴの品種は「紅玉」だが、それ以外の品種でも試作してみた。読者によっては、使うリンゴが違うかもしれない。

締め切りギリギリまで修正を加えたあと、レシピの最後に栗原さんはこう書き加えた。

「ここでご紹介するレシピは、今のところの私の完成形です。秋に旬《しゅん》の紅玉が出回ってきたら、どうぞ作ってみてださい」

料理が生む〝笑顔〟の輪。そんな小さな幸せを夢見て料理する人たちを「裏切りたくない」。この誠実さこそ、栗原さんの力の源泉だ。

取材の最中、庭の草取りをしながら、栗原さんはこんな話をしてくれた。東日本大震災を経て、あらためて感じたことだという。

「ほんとうは、暮らしってそんないつも良いことばっかりは絶対にないよね。ないからこそ、小さいことを幸せに思わないとね。おいしいものが食べられる、とかね。

今度の震災で、普通の暮らしがいかに大切かと思ったって、みなさんおっしゃっていましたよね。普通に食事ができて、家族が仲がいいということが、ほんとうは人生のいちばん大事なことでしょう。楽しいことなのに、それをちょっと置いといて、違う方向に行っちゃうから、その幸せに気がつかなくなっちゃうんじゃないかな」

「普通の暮らしのなかの幸せ」。これこそ栗原さんがずっと大切にし、周りに伝えていきたいと願う、料理というものの本質かもしれない。

一〇〇%満足ではないけど、一二〇%お気に入り

建築家

手塚貴晴／手塚由比

その家は、屋根の上にリビングがある。

平屋建ての家に載《の》せられた大屋根は四二坪。なだらかな傾斜の床にはテーブルや椅子、キッチンまでもが備えつけられ、家族は雄大な山々を眺めながら食事ができるし、夏にはシャワーで水浴びもできる。屋根と下の部屋をつなぐのは八つの天窓。寝室や勉強部屋、それぞれの部屋から家族はハシゴを使って屋根によじ登る。

神奈川県にある「屋根の家」。二〇〇二年の日本建築家協会新人賞を受けるなど評価の高いこの家を設計したのが、二〇年連れ添う夫婦の建築家、手塚貴晴さんと手塚由比さんだ。

いつも青い色の服を着ている貴晴さんと、赤い色の服を身にまとう妻の由比さん。青と赤がトレードマークの二人は、それぞれの長所を生かしながら作品を作ってきた。

貴晴さんは、論理的な思考でアイデアを練《ね》る。

由比さんは、直感を大切にして建物の心地良さを追求する。

今、世界からも熱い注目を集めている二人が大切にしている言葉。それは、この「屋根の家」の施主《せしゅ》・高橋宏幸さんと幹子さん夫妻が、完成した自分の家のことを表現した言葉だ。


一〇〇%満足ではないけど、一二〇%お気に入り

この言葉が、まさに二人の目指す建築を表しているという。
「細かいところはいろいろ気になるところもある。でも、一つでもすごい取り柄《とりえ》がある。それが『お気に入り』。自分がいて気持ちが良い場所、お気に入りの場所が、家になっていくと思うんです」（由比さん）
手塚さん夫妻は、家を建てる依頼を受けると、まず依頼主にできるだけくわしく生活スタイルを話してもらい、そのうえで具体的なリクエストを聞くことにしている。
「屋根の家」の場合、そんな会話を交わすなかで「何をして過ごすのが好きですか」との問いに、高橋さんは「屋根の上でごはんを食べるのが好きです」と答えたのだ。いろいろあった要望のなかから、手塚さんたちは「屋根の上」というアイデアを膨《ふく》らませていった。その結果、一二〇%お気に入りの「屋根の家」ができあがった。

一〇〇%満足できる「理想の家」を作るのは不可能かもしれない。でも、どこか一つでも心の底から気に入ってもらえるところがあれば、「理想の家」を凌《しの》ぐものができあがるかもしれない。この考え方は、手塚さん夫妻の建築を貫くものだ。

たとえば、東京郊外にある幼稚園。上から見ると、運動場を中心に建物がなんとドーナツ型になっている。きっかけは園長先生が言った「遊具のような楽しい施設にしたい」という一言。手塚さん夫妻は、屋上をぐるぐると子どもたちが走り回れるようにし、さらに屋上と運動場を滑《すべ》り台でつないだ。この幼稚園では今、子どもたちが屋上を駆け回って歓声をあげている。元気に走って滑れる、大の「お気に入り」の建物となったのだ。

「家というのは、いわば『子ども』なんですよ。自分の子どもに一〇〇%満足するってことはありえませんよね。ろくでもないこともするし、思うようにいかないこともある。でも、自分の子どもはかわいいですよね、何があろうと。建築を作るとき、施主がほんとうにかわいい、と思えるものを作りたいですね」（貴晴さん）

手塚さん夫妻の信念は、苦い下積みの体験から生まれている。

二人が出会ったのは二四年前、貴晴さんが学ぶ大学の建築学科に由比さんが後輩として入学してきた。その後、貴晴さんはロンドンに渡り、世界的な建築家リチャード・ロジャースのもとで働き始める。二人が結婚したのもこの頃だった。

それから二年後、貴晴さんに日本から建築のオファーが舞いこんだ。貴晴さんはこのままロンドンで働き続けようと思ったが、由比さんの強い勧めもあり、二人は独立し建築家としてスタートを切ることにした。

そこからが大変だった。最初に手がけた病院は、その年のグッドデザイン賞金賞を受賞するなど高い評価を得た。だが、若い二人にその後、依頼はさっぱり来ない。なんとか仕事を得ようと、六畳二間のアパートでコンペのために模型を次々と作ったが、ことごとく落選。何とかして自分たちのアイデアを受け入れてもらいたい、そう考えるほど、デザインはどこにでもある平凡なものになっていく気がした。

そんなとき、チャンスが訪れた。

由比さんの高校の同級生が、家を建てたいという。手塚さんは夫婦で頼みこみ、設計をさせてもらうことにした。敷地は、森を目の前にした斜面。登山が好きな友人の夫婦は、自然を身近に感じていたいと言う。

二人は、挑むならとことんやろう、と誓いあった。

「わざわざこの土地を買ったというのは、よっぽど思い入れがあるんだろうと。とにかくこの人たちを『本来の姿』に戻してあげたいという思いはありましたね」（貴晴さん）

「敷地を見て驚いたんです。友人ながらなんて偉いんだろうと。とにかくこの景色を生かそうと思いました。そこで、『当たり前のこと』をテーマにしようって思ったんです。当たり前に景色が見える、それを突き詰めていくと良い建築になるんだということを示したかった」（由比さん）

精力を注いで作った家は、外の自然と家の中がつながっているかのような開放感にあふれた建物だった。斜面に建つ家が周囲の環境に溶けこんで「当たり前」に見える。家の中と森がつながっているかのような、大胆な設計だった。友人夫婦もその一点を、心の底から気に入ってくれた。

二人の作ったはじめての〝お気に入りの家〟は、完成すると驚くほど高い評価を受けた。雑誌でも紹介され、一気に注文が殺到するようになった。

「徹底的に依頼主の『お気に入り』をつきつめた結果、だれも見たことがないものができたと思います。たぶん、使う人に合わせていくと自動的にユニークになるんです。なぜかというと、人はみんな違うはずだから。今の社会はみんな標準化しようとしているだけで、じつはみんな違う。その個性を引き出していくと、それに合わせた建築はみなオリジナルになっていく。それが一番正しい気がするんです」（貴晴さん）

それから一〇年あまり。二人の作る建築は常に話題をさらってきた。

大震災後には、津波で全壊した幼稚園を高台に移築する設計も行った。手塚さんたちは津波で倒れずに残った町の杉の木を、園舎に使うことにこだわった。災害の記憶をあえて留めることで、防災の意識を忘れない。そんな思いが込められている。

手塚さん夫妻が信じている、大事なことがある。

「建築は生活を包む箱。箱が変わると、それに合わせて中も変わっていく。建築には生活を変える力がある。そう信じているんです」

媚びない、群れない、属さない、そして、やめない、あきらめない

町工場経営者
竹内宏

東京・品川区にある、古びたトタン屋根の小さな町工場。ここが「金型《かながた》業界のエジソン」と呼ばれる竹内宏さんの闘いの舞台だ。

狭い路地を通って入り口から入ると、事務室を兼ねた設計室がある。その隣には、さまざまな装置が並ぶ工場があり、竹内さんと六人の職人たちがプラスチック樹脂《じゅし》を流しこむ「金型」の製造を行っている。携帯電話の極小部品から、繊細な医療用品まで、〇・一ミリ単位の精度が求められる職人技の仕事。日本のものづくりを支える現場だ。

町工場といえばメーカーの「下請け」というイメージが強い。だからこそ、不況になれば真っ先にその影響を受ける。どんなに技術力が高くても、採算があわずに倒産してしまう工場は少なくない。

そのなかにあって、竹内さんの工場のユニークなところは、独自に装置を開発するその「発信力」にある。メーカーの発注をただ待つのではなく、自ら開発を行い、それを売りこんで使ってもらい利益を得る。「自ら発信する工場」を標榜《ひょうぼう》する竹内さんは、町工場のあり方に新風を起こしてきた。

代表作の一つは超小型の「射出成形機《しゃしゅつせいけいき》」と呼ばれる装置だ。射出成形機とは、金型を使ってさまざまな部品を作る装置のこと。一般的には、ワンボックスカーほどの大きさのものも多いが、竹内さんは片手で持てるほどの卓上サイズへの超小型化を実現させた。今、世界中からこの装置を使いたいと依頼が相次いでいる。

この装置以外にも、竹内さんが考案した新製品はじつに五〇あまり。それをメーカーに売りこむことで、工場の利益をほぼまかなっている。

「メーカーから来た賃仕事で得た一〇〇万円の利益と、自社製品で得た一〇円の利益を比べたとき、一〇円のほうが価値が高いような気がするんです。お客さんのマーケットで、お客さんのお金でやる仕事は、しょせんお客さんのものなんです。でも自分で考えて、自分でリスクを背負って作ったものは、〝われわれのもの〟ですよね」

先の見えない時代、周りを頼りにするのではなく、自ら市場を切り拓《ひら》くことで生き残る。

それが竹内さんの揺るがぬ信念だ。

それは、けっして簡単なことではない。力を注ぎ開発した製品が、市場に受け入れられる保証はどこにもない。そもそも、目指す開発が成功するまでに何年かかり、売れるまでに何年かかるのかもわからない。経営者として、覚悟を問われる日々が続く。

そんな竹内さんの信念を支えるのは、こんな言葉だ。

媚びない、群れない、属さない、そして、やめない、あきらめない

「あまり群れるのも好きじゃないし、媚びるのはもっと嫌いだし、属するのもどちらかというとあまり好きじゃない。ということになってくると、おのずと選択肢って狭くなっちゃうんですね、自分で生きていくしかなくなる。だれもやったことのない、世の中にないものだけを開発して、それを商品化し続けるというのが、私らしさなのかもしれない」

この強烈な言葉は、地を這《は》うようなどん底のなかで生まれた。

子どもの頃から機械いじりが大好きだった竹内さんは、高校卒業後、金型を作る工場に

就職。二七歳で独立した。当時は、いわゆる高度成長の時代。大手メーカーからひっきりなしに依頼が舞いこみ、経営は順調だった。

だが一九八〇年代後半、日本はかつてない円高の時代を迎えた。メーカーの多くは生産拠点の海外移転を検討し始めた。不況知らずと言われた金型業界にも、暗雲が立ちこめた。

竹内さんが、独自開発に踏みきろうと思ったのは、この頃からだ。

もともと、発想力には自信があった。とくに、多くの需要が見込めそうな「射出成形機」の小型化に力を入れようと決めた。一〇人以上いた社員の生活も心配だった。だが、開発に成功さえすれば、じきに解決できるはずだ。

だがこの決断こそ、想像をはるかに超える、いばらの道への入り口だった。

たとえば、プラスチックを溶かし、型の部分に押し出す細長いスクリュー。小型化には、設計思想の大胆な変更が必要だったが、何度試作を繰り返しても思うようにいかない。溶かしたプラスチックをはき出す射出部分にもトラブルが続出した。大手メーカーのように潤沢《じゅんたく》な開発予算はない。たえず一緒にいて知恵を絞ってくれる仲間もいない。

手間どるうちに、時代の逆風はさらに強まった。

九〇年代の不況のあおりで、金型の発注が激減。今までにない苦境に、仲間の多くは倒産に追いこまれた。竹内さんの工場もついに赤字に転落。やむなく給料の値下げを申し入れると、従業員の半数が工場をやめていった。

「開発が成功するまで待ってくれ」そんな説得も、みなを引き戻す力はなかった。

「『これが売れるようになるから、もうちょっと我慢しいや』って言うんですけども、『売れるようになるって言うけど、いったい何年かかるの?』と言われると、やっぱり切ないものがありましたね」

竹内さんは、追いこまれた。開発は先が見えない。負債は増え続ける。夜中に支払いを催促される夢を見て、何度も目が覚めた。倒産の文字が頭をかすめた。

しかし竹内さんは歯を食いしばって耐えた。今、開発をあきらめれば、これまでの苦労や犠牲はまったくの無駄になる。後は転がり落ちるだけだ。昼も夜もなく、家族と過ごす時間も犠牲にして、ひたすら開発に打ちこんだ。

長女の由佳さんは、こう振り返る。

「平日はもちろん、土日も家にいないことが多かったですね。常に仕事、仕事。揺るぎない信念をもって……ほんとうに仕事一筋でした」

納得がいく製品が仕上がったのは、開発を始めて一七年目のことだった。その装置は、従来の二〇分の一という破格の小ささ。消費電力も二〇分の一に抑えることができる。

町工場の仲間に見せると、みなその出来に感嘆の声を上げた。

「おれ今、鳥肌が立っているよ!」その言葉に、竹内さんは大きな力を得た思いがした。

メーカーに持ちこむと、評判は上々。発売後ほどなくして次々と注文が入り、工場の経営はもち直した。この装置は、今も工場の儲《もう》けの四割を稼ぎ出しているという。

媚びない、群れない、属さない。そして、絶対にやめない、あきらめない。この徹底したスタンスが、竹内さんの運命を変えたのだ。

番組の撮影中、大手メーカーに納めた「射出成形機」を竹内さんといっしょに見にいった。一七年におよぶ苦労の末、開発に成功した装置が、メーカーの研究施設の中枢《ちゅうすう》で今もその役割をみごとに果たしていた。

竹内さんは、つぶやいた。

「いやー、やっぱり感激しますね、ここまでやっていただくとは……」

自分の子どもの成長を見る父親の目になっていた。帰りの車のなかで、しきりに涙を拭《ふ》く竹内さんの姿があった。

「独創力こそ、工場の誇り」。そんな竹内さんの信念を象徴する出来事だった。

売るんじゃない、伝えるんだ

食品スーパー経営者

福島徹

その男は、鼻がきく。

野菜から惣菜まで、どんなものでも真っ先ににおいを嗅ぐ。風味や鮮度をチェックする際、舌はごまかせても、においまではごまかせないからだ。

福島徹さんは別名、スーパー業界のトレジャーハンター。競争が激しい食品スーパーの業界にあって、その〝目利《めき》き〟の力で四〇年間、黒字経営を続ける。客寄せのチラシは使わず、タイムセールも行わない。ただ己《おのれ》に対する〝信頼〟で勝負する。全国からも視察が相次ぐスーパーを率いる注目の経営者だ。

都内で四つの店を経営する気骨の経営者・福島さんの本拠地は東京の郊外、羽村《はむら》市。その売り場には、独自の工夫が凝らされている。

まず、野菜売り場には、農薬も肥料も使わずに作られた小松菜やジャガイモなどが並ぶ。値段はやや高めだが、健康志向の人にとっては貴重な品揃えだ。札にはかならず、「○○さんが作りました」と生産者の名前が書かれている。

さらに、保存食品のコーナーに目を転じれば、ここでしか買えないオリジナルの品がずらっと並ぶ。素材重視の醬油《しょうゆ》や海苔《のり》など、大手メーカーの商品ではない、小さなグループが作った珍しいものだ。

じつは、これらの食品の多くは、店と提携している農家や漁師たちが生産している。それも、福島さん自ら全国を回って見つけてきた自慢の品。それが店の大きな柱になっている。

福島さんが何より心がけているのは、消費者が「選ぶ」楽しみを提供することだという。

ある秋の日、果物コーナーに同じようなぶどうが、ふだんの倍の種類も並んでいたことがあった。ぶどうは同じように見えても、地域や生産者、時期によって味がまったく異なる。その甘みや酸味の微妙な違いでお客に驚きと楽しみを与え、選ぶ喜びを感じてもらいたいと考えた。当然、売れ残るリスクもある。だが、日本の風土の豊かさは、他に代えがたい〝売り〟だと福島さんは読んだのだ。

小売に携わるものとして、福島さんが大切にしている言葉がある。

売るんじゃない、伝えるんだ

「私たちは、まず『伝える』人です。『売る』という行為じゃないと思うんです。『売る』っていうイメージは、わかりやすく言うと、一〇〇円で売っていたものを、夕方だから、はい二個一五〇円でいいですよ、ということ。

本来はそうじゃない。伝えていく。どこのどういう人が作って、こういう作り方で、背景にはこんな文化があって、地域ではこういうふうに食べていますとか、そういった説明をちゃんとする。それが僕らの大きな役割だと思うんです」

「売る」ことだけを考えると、売れそうなものばかりを探すことになる。何も考えず、売れそうなものを探すのは良くない。お客にとって存在意義のあるもの、つまりほんとうに役立つものは何かを考えるべきだ。

そのために、福島さんはたんに買いつけを行うだけでなく、商品開発まで行ってしまう。

たとえば、青森のある提携農家では、福島さんのアイデアで切り干しダイコンを作るようになった。使うのは、形が悪いため市場ではねられてしまう規格外の大根。それまでは捨てられていたが、農薬も肥料も使わないその品質に目をつけ、商品化を提案した。それが今、お客の健康志向と合致して、年に一〇〇万円を売り上げている。

お客のニーズを満たしつつ、生産者の利益をも生み出す。それが、福島さんが貫くビジネスのあり方だ。

「正しいものは正しい、良くないものは良くないっていうことを小売りのプロとしてきちっと打ち出せなければ、われわれの存在意義はないんです」

そう断言する福島さんの店には、放射性物質汚染の風評にさらされている地域の野菜も並べられている。検査をしっかりと行い、良い物を良いと言う。小売りとしての覚悟の現れだ。


その覚悟は、福島さん自身の苦い体験から生まれた。

東京・青梅《おうめ》に生まれた福島さんは、子どもの頃から両親が始めた雑貨屋を手伝っていた。店をもっと大きくしたい、それが夢だった。

二二歳で店を継ぎ、親の商売を引き継いだ。そして三七歳のとき、銀行から借りられるだけ借金をして、念願だった大型の二号店をオープンさせた。

しかしそれが、苦労の始まりだった。周辺にはライバル店が多く、客をがっちり握っていた。開店の安売りセールは賑《にぎ》わったが、それが終わると客足はすぐに遠のいた。なんとか、客を呼び寄せたい。福島さんは懸命に働いた。一円でも安い仕入れのために、夜明け前から市場で値段を交渉。売り場では声をからし、閉店後も夜中まで棚を入れ替える。

それでも、売り上げは伸びなかった。次第に、お客の顔をまともに見ることもできなくなっていった。

「怖かったんですね、お客様が。もう必要ないって否定されるわけですから。仕事を辞めなさいって言われてるのと同じなんで、どこかに蒸発してしまおうとか、そんなことも少しは考えるわけですね」

そんなある日、近所の農家から、ホウレンソウが余っているので売り先を探しているという話を聞いた。しめたと思った。急いで農家を訪ね、くわしい事情は伝えず、すべてのホウレンソウをただ同然で買い上げた。

特売品で並べると、儲けはどんどん出る。ホウレンソウは、何日も売れ続けた。だが、数日後、売り場である人に声をかけられた。

「うまく儲けたな」

あのホウレンソウ農家だった。すべてを見透かされた気がした。

福島さんは思った。「自分はいったい何のために、小売りという仕事をしているのだろう」。進むべき道が見えなくなった。


そんな頃、転機が訪れた。きっかけは、お客からの苦情だった。

新米を買ったはずが、古いコメが混ざっていたというのだ。当時仕入れていたのは、品種の違うコメが混ざったブレンド米。ほんとうに新米なのか、仕入れた自分にもわからなかった。

何かできないかと悩んだ末に、思いついたことがあった。信頼できる農家を探して、そこから直接、コメを届けてもらうという方法だ。

当時、生産者が直接コメを売る「産直制度」が始まったばかり。福島さんたち小売りには、その補助的な役割が認められていた。だが、その制度では、小売りはお客を生産者に紹介するだけで、利益はほとんど見込めない。

それでも、とにかく人に喜ばれる仕事がしたかった。自分の仕事をお客に否定される、そんな思いはもうしたくない。

福島さんは、東北・山形でツテを頼りに農家を回り、七軒の農家からコメを扱わせてもらう約束を取りつけた。

そして、店ではお客の一人ひとりに声をかけ、制度を使ってコメを買わないかと勧誘を始めた。品質は折り紙つきだと説明し、そのすばらしさを必死に伝えた。頑張ると、なんと三〇〇人分もの予約が集まった。

その年の秋、山形から待ちに待ったコメが届いた。自分で探し、良いと信じて選んだ商品。はたして、受け入れられるだろうか……。

コメを買ったお客の反応は早かった。「おいしかった」と、口々に福島さんに伝えてくれたのだ。そして、さらにうれしいことがあった。山形でコメを作った農家の人たちも、福島さんのおかげで、はじめての産直に道が開けたと喜んでくれた。

何のために小売りの仕事をしているのか。かつて思い悩んだ福島さんは、その問いに答えを見いだした思いがした。

売るんじゃない、伝えるんだ

番組が取材を行った二〇一一年秋、福島さんは、福島県のコメの風評被害と闘っていた。震災後、はじめての収穫。今までにない混乱のなか、社員のなかには消費者の不安を考え、福島県産のコメの販売を控《ひか》えるべきだと発言する者もいた。それもまた、十二分にありうる選択だった。

だが、福島さんは最後にこう決断した。きちんと検査したうえで、良いコメは良いと、店頭に出す。そのときの福島さんの姿勢には、微塵《みじん》のぶれもなかった。

「僕自身は、福島県の現状に正面切って向かいあわないと、流通業としての使命が果たせないような気がする。だから、逃げないで向かいあいたい」

その後、福島県のコメは店頭に並べられ、予想を超える売り上げを見せた。コメを買ったあるお客に、なぜ購入したのかを聞くと、こう答えてくれた。

「この店だから、信頼しているんです」

マイナス×マイナス＝プラス

デザイナー

梅原真

「売れないモノを売る」。そんな仕事をやってのける型破りなデザイナーが高知にいる。

年間四〇〇万本、二〇億円以上売れるポン酢しょうゆ。原料は、高知の山あいにある馬《うま》路《じ》村《むら》のユズ。以前は売れずに困っていたものだ。

そして、一粒約三〇〇円もの高値で売られる四万十《しまんと》のクリ。これも、かつてはほとんど利益が出ず、山に捨て置かれたものだった。

魔法をかけたのは、高知在住のデザイナー・梅原真さん。二〇年以上にわたり、地方で懸命に働く生産者を支え、ヒット商品を世に送り出してきた。

身長一八〇センチを超える巨漢で、魯山人に似た顔だちは、一見こわもて。性格は、土佐弁で頑固者を意味する「いごっそう」という言葉がぴったりくる。それでいて、人情に厚く、涙もろい。大企業からの依頼には目もくれず、農林漁業と地方に関する依頼しか受けない。金では動かないが、志《こころざし》に共鳴したとき、梅原さんは動く。

年の半分は日本中の地方を飛び回っている梅原さんが拠点を置くのは、高知県中部の香《か》美《み》市。愛妻と暮らす川沿いの一軒家が、自宅兼事務所だ。働き始めてからずっと、ふるさとである高知を離れずにいる。

事務所のスタッフは、梅原さんを入れてわずか三人。その小さな事務所で、常時一五件以上の仕事を抱えている。依頼主の多くは、潤沢な予算などない農家や小さな組織だ。梅原さんは、キャッチコピー作りやイラストなどを、他の専門家に頼まず、すべて自分で行う。さらに、ときには商品開発や販売戦略まで、長年にわたりトータルでプロデュースし、ヒットに結びつけてきた。

たとえば、高知・四万十町でとれるクリを使った、ヒット商品のお菓子。このお菓子と梅原さんとの関わりは、一〇年以上前にさかのぼる。

もともと四万十川流域は、日本有数のクリの産地だった。しかし、中国産の安いクリの流入などで値が下がり、栗林は荒れ放題にまでなった。地元の人々は、「こんなもの売れるわけがない」と弱気だったが、地域おこしの相談をうけた梅原さんはこのクリに目をつけた。

昔ながらの製法で作られる渋皮煮《しぶかわに》などの商品化を提案し、四万十川の流れをモチーフにした素朴《そぼく》なパッケージをデザインした。「しまんと地栗」という統一したネーミングをつけて、味の良さを前面に打ち出した。さらに、女性をターゲットにしたクリ入りのパウンドケーキなどのスイーツを自ら企画し、道の駅などに置いた。

すると、大粒で甘みが豊かだと評判になり、年に一〇〇〇万円以上売り上げるまでになった。今では、「四万十のクリ」としてブランド価値が生まれ、東京などからもバイヤーが買いつけに来る。原材料のクリがなくなってしまい、二〇一二年と一三年には一万本のクリの苗を山に植えたほどだ。

梅原さんは、「宝はすぐ足もとにある」と言う。

文字どおり、クリの場合は「足もと」に転がっていたわけだが、梅原さんは足もとに眠った宝を、デザインの力を借りて人目につくようにする。

そのことを、梅原さんはこんなふうに表現する。

マイナス×マイナス＝プラス

ここで言う「マイナス」とは、知名度がない、生産量が少ない、場所がへんぴなどの、物を売るには「不利な条件」のこと。生産者はどうしても「不利」や「弱点」だらけだと嘆きがちだ。梅原さんはそれを逆転の発想で、売れる商品へと変えてしまう。

先の四万十のクリの場合、訪れるのも不便な山奥でしか手に入らず、生産量が少なく、値が張る。こうした一見マイナスの条件は、じつは「良質でおいしそうなイメージ」や「特別なプレミア感」に結びつきうる。

梅原さんがデザインでやろうとしているのは、マイナスを隠そうとするのではなく、マイナスの要素を「かけ算」のように掛けあわせたデザインをすることで、そこに価値をつけるという作業なのだ。

「マイナスというものはオリジナリティであり、一つの個性ですが、世の中はそう思ってませんよね。たとえば、離島はマイナス、東京から遠く離れている所はマイナス。そうではなくて、東京から遠いところに価値がある。

手間がかかる、時代遅れ、大量生産できない、へんぴな所にあるなど、生産者がマイナスだと思っている条件は、じつは、他にはない特徴であり、消費者をひきつける特別な魅力になりうる。だから、マイナスにスイッチを入れる、それがデザイナーとしての自分が考えていることです」

梅原さんはこの逆転の発想を、かつて手がけたある仕事のなかで見いだした。それは、遠回りの人生でようやく見つけた、自分の生きる道だった。

梅原さんがデザインに興味を持ち始めたのは中学生の頃。当時、大流行していた雑誌『平凡パンチ』のしゃれた表紙に憧《あこが》れた。「自分もこんなふうに、洗練されたものを作りたい」とデザインに関わる仕事を夢見るようになった。

大学卒業後、就職したのは地元のテレビ制作会社。セットやパネルなどを作る大道具係として働き始めた。しかし、自分がいいと思うデザインがなかなかできず、上司や周りと衝突することが増えていった。

そして二九歳のとき、会社を辞め、フリーで生きていくと決めた。ショーウインドーのディスプレーや学生服の店の看板作り、地元スーパーの商品パッケージなど、何でも引き受け、がむしゃらに働いた。だが、仕事に追われ、数をこなし続けていくうちに、ある疑問がわき上がってきた。

三〇代も半ば過ぎ。自分は何か残せているのだろうか。

「一つひとつの仕事に一生懸命対応していたんだけど、それを集めてみたら、あした無くなっちゃうものでもあって……。お金は稼げるかもしれないけど、続かないよねって思ったんです」

そんな頃、一人の漁師が、知人の紹介で梅原さんのもとを訪ねてきた。

土佐伝統のカツオの一本釣り漁を営んでいた、明神宏幸さん。大規模な巻き網漁に押され廃業する船が相次ぐなか、昔ながらの調理法であるワラで焼いたカツオのたたきを販売することで、少しでも稼いで生き残りたいという。

頼まれたのは、その商品パッケージ。梅原さんは意気込んだ。一本釣りは、子どもの頃から身近で親しみがあったからだ。

「この大好きな風景を残す力になりたい」

梅原さんは現場に何度も足を運び、船にも同乗して、デザインに没頭した。

その結果、できあがったのは、なんとも素朴なデザインだった。ワラ焼きのおいしそうなイメージを出すため、パッケージはレンガ色。そこに、昔ながらの一本釣りの様子を、手描きで描いた。キャッチコピーは「漁師が釣って、漁師が焼いた」。

梅原さんが若い頃に憧れた、洗練されたデザインとは真逆。しかし、生産者の熱意を伝えようとすれば、デザインはこれしかないと思った。

売り出すと、その反響の大きさは、梅原さんの予想をはるかに上回った。九年後には年間二〇億円以上を売り上げる大ヒット商品に成長。伝統の一本釣りの漁の現場に、再び活気が戻った。

梅原さんは胸が震えた。これこそ、自分がやるべき仕事だと思った。

涙まじりに、梅原さんはこう語ってくれた。

「自分が考えた再生のストーリーが現実になってきて、一本釣り漁の風景が残っていくことの喜びを感じながら、そこに新しい価値を生み出すことができた。デザインの考え方を変えていこうよと、世の中の考え方を変えていこうよと。一本釣りも効率が悪いけども、さらにもう一回、効率の悪いワラで焼く。マイナスとマイナスを掛ければ、プラスになるんじゃないかというのは、そのときに生まれた発想なんです」

長い遠回り人生の末につかんだ確信だった。

それから一七年、一次産業にこだわり続けてきた梅原さん。その姿勢の根っこには「日本の〝風景〟を残したい」という強い思いがあるという。

「やっぱり風景を見ればね、その国の豊かさがわかると思ってるんですよ。たとえば、山の斜面でミカンを収穫している美しい風景。でも、ミカンは安くしか売れないからもうダメだって言ってしまいそうな世の中なんですよ。それでもデザインを掛けあわせることによって、そのミカンに少しでも価値がつけば、その風景は残りますよね。そのことが自分にとっては大きいんです」

地方の衰退は今も続く。闘いはときに厳しい。だが、梅原さんは「不利な条件を笑い飛ばして、プラスに変えてやろう」と豪快に笑う。坂本龍馬を生んだ土佐の気質そのままのような人だ。

Original Revolutionary Timeless

誰にも真似できない　革命的　時代を超える

デザイナー
石岡瑛子

二〇一二年一月二一日、世界を魅了してきた日本人デザイナーがこの世を去った。石岡瑛子さん、享年七三。

強烈な色彩表現と官能的な造形美を駆使《くし》し、ハリウッドやブロードウェイで唯一無二の舞台・衣装デザインを生み出し続けた。アカデミー衣裳デザイン賞、グラミー賞、ニューヨーク映画批評家協会賞、カンヌ国際映画祭芸術貢献賞など、世界的な賞を次々と受賞。これほどの業績を残した日本人デザイナーは、彼女一人だけだ。

番組の取材で石岡さんに密着したのは二〇一〇年の冬。超大作ミュージカル『スパイダーマン』のコスチューム制作が佳境に入っていたときだった。

いつも黒の洋服を身に纏《まと》い、髪にスカーフを巻いて仕事場へと向かう。背筋をまっすぐに伸ばし、鋭い言葉で職人たちに指示を飛ばす。その小さな身体は、常に周りを圧倒するオーラを放っていた。

だがそのとき、石岡さんはすでに末期のすい臓ガンを患っていた。痛みがひどく、助かる見込みはないと診断されていたが、石岡さんは病気のことを隠し続けた。

「デザインは、闘いながら生み出すもの。周りが私に手加減をすれば、けっして良いものはできない」

石岡さんは近しい家族だけにその決意を告げ、『スパイダーマン』の四〇〇種類を超えるコスチュームを、一切の妥協なく作り上げた。

石岡さんは何ものにも屈しない、闘争本能の固まりのような女性だ。その原点は、まだ日本が戦争中だった頃にある。父親が結核で倒れ、働き手を失った家族は爪に火をともすような生活を余儀なくされた。生活費を得ようと奔走《ほんそう》し、苦労を重ねていた母親がある日、まだ幼かった石岡さんにこう言葉をかけた。

「大きくなったら、女であっても仕事を持ちなさい。一人で生きていけるように」

男に頼らず、強く生きろ。女性は一歩下がって男性を立てることが求められた時代だったが、石岡さんは一歩も引く気はなかった。

東京芸術大学を卒業後、日本における女性デザイナーの草分けとして広告の世界に飛びこみ、アートディレクターとしてキャリアをスタートさせた。そして当時の保守的な女性像を覆《くつがえ》す作品を次々と発表し、男性優位の社会にデザインの力で闘いを挑んだ。

「当時の広告は、女性っていうとお人形さんみたいな感じで、これは男性が好むイメージなんです。私なんか全身ハリネズミみたいな人間だから、それを見ると笑っちゃうわけ。女はこんなもんじゃないよっていう気持ちが、すごくあったんです。だから女性も強いんだと、パワーを持っているんだということをデザインで表現しました。もちろん反発もありましたけれど、それは覚悟のうえでした」

健康的な肉体美、まっすぐ前を見据える凛《りん》とした表情。石岡さんが手がけた広告の刺激的な女性像は時代の要請とも合致し、大きな反響を呼んだ。一九七〇年代に手がけたパルコや角川書店などの広告は、女性が流行の先端を行く新たな時代の到来を告げているようだった。

石岡さんの広告は数々の賞を受賞し、三〇代後半には日本を代表するデザイナーと呼ばれるまでになった。だが石岡さんは、そのまま広告の世界で大家として生きていくことを良しとしなかった。

「クリエイターとしての充実感が得られなくなってしまったんです。ただ同じ所をぐるぐる回っているような感じ。これでは私にとって成功とは言えない。どうすれば、もう一度エキサイティングな日々を取り戻すことができるだろう？　毎日そのことばかり考えていました」

四〇歳になったある日、石岡さんは大きな決断を下す。突然事務所を閉鎖し、広告デザインの世界から完全に足を洗ってしまったのだ。そして何の当てもないまま、ニューヨークに向かった。自分はこれから、どんな闘いに身を投じるべきか。世界の中心で、その答えを探し始めた。

石岡さんのキャリアの第二章は、映画監督、脚本家のポール・シュレーダーから依頼された映画『ＭＩＳＨＩＭＡ』の美術デザインで幕を開ける。三島由紀夫の複雑な精神世界を独自の解釈で表現するという難しいプロジェクトだった。映画の仕事などまったく経験がなかったが、シュレーダーの「あなたにしかできない独自の世界を生み出してほしい」という言葉に奮い立ち、飛びこもうと決めた。

制作スタッフのなかには、石岡さんが女性であること、映画の素人であること、そして日本人であることを理由に、非協力的な態度を取る者も少なくなかった。だがここでも、石岡さんは持ち前の闘争本能を遺憾《いかん》なく発揮する。映画の常識を覆す野心的・挑戦的な美術セットを次々と生み出し、実力で彼らの偏見を打ち破ったのだ。

この作品で、石岡さんは一九八五年度のカンヌ国際映画祭芸術貢献賞を受賞。その名は一躍《いちやく》世界に轟《とどろ》き、数々のトップアーティストから仕事の依頼が舞いこむようになる。ジャズの帝王、マイルス・デイビスはアルバム『TUTU』のジャケットデザインを。映画界の巨匠、フランシス・フォード・コッポラはハリウッド映画『ドラキュラ』のコスチュームデザインを。突如として世界規模のデザイナーとなった石岡さんは、失敗の許されない苛烈《かれつ》な重圧のなかで、身を削《けず》るように仕事に取り組んだ。

そして石岡さんの闘いは新たな次元へと入っていく。追い求めたのは、日本という枠を超越した普遍的なデザイン。国境の壁、文化の壁を越え、世界中の観客を魅了する圧倒的な美しさ。石岡さんは、その高みに達するための条件を、三つの言葉で言い表した。

Original　　誰にも真似できない
Revolutionary　　革命的

Timeless　時代を超える

新たなデザインを生み出すとき、この三条件すべてを満たさなければ、石岡さんは躊躇《ちゅうちょ》なく没にした。そのハードルは途方もなく高いものだったが、けっして妥協することはなかった。突破口を見いだせず苦しんだとき、石岡さんは時折、ニューヨークの中心地・タイムズスクエアに出かけたという。世界中から押し寄せる人、最先端の文化を伝えるネオンの洪水。その渦《うず》のなかに身を置き、自分は世界と闘っていると、あらためて覚悟を決めたのだ。

「私は絶対に流行を追わない。だれかと群れるのも大嫌いです。孤立すること、アウトサイダーでいることを心がけてきました。そして自分の内側に深く入りこんでいく。その奥にあるものを探り当てる。そのやり方でしか、私が求めるデザインは生まれないのです」

石岡さんは三〇年にわたって、世界の最先端を走るデザイナーであり続けた。七〇歳にしてハリウッド映画『インモータルズ』、ブロードウェイミュージカル『スパイダーマン』、そして北京オリンピック開会式のコスチュームデザインを同時進行で行うという過酷な仕事に身を投じ、そのすべてを成功に導いた。

『スパイダーマン』の仕事が深夜に及んだある日、石岡さんはタイムズスクエアのネオンの明かりのなかで、私たち取材チームにこう語った。

「ずっといつまでも無我夢中で、目隠しをした馬のように走り続けてきた。でもまだ旅の途中だからね。これから死ぬまで、目隠しをした馬のように走るんだろうか。自分のこの先に、興味がありますね」

石岡さんは走り続ける。スパイダーマンの仕事を終えると、休むことなくハリウッド映画『白雪姫と鏡の女王』のコスチュームデザインに着手。末期ガンの苦しみに耐えながら、魅惑のファンタジーワールドを描き出した。そして、すべてのコスチュームを完成させた直後に入院。そのまま帰らぬ人となった。石岡さんは最期まで、ガンであることを周囲に悟《さと》らせなかった。

無我夢中で走り抜けた七三年の人生。石岡さんの生き方は、世界を魅了し続けたそのデザインと同じく、凛とした美しさに満ちていた。

Ⅳ 自らを戒め前に進む、5つの言葉

一〇分〝今日〟を反省し、五分〝明日〟を夢見ろ

石工 **左野勝司**

石は、世界最古の建築材の一つと言われる。

その業界で、世界を股《また》にかけ活躍するのが石工《いしく》・左野勝司さんだ。世界遺産のイースター島・モアイ像の修復を陣頭指揮。風化が進むエジプト・スフィンクスの保全調査も担当した。そして、戦後最大の考古学的発見と言われた高松塚古墳。石室《いしむろ》の解体を手がけ、国宝の壁画〝飛鳥美人〟を風化の危機から救った。

石工は、ノミとハンマーで石を加工し、仏像や灯籠《とうろう》などさまざまな造形を生み出す職人。機械で加工することが主流となった現在も、左野さんはノミ一本であらゆる石を叩き上げていく。頑固一徹、この道ひとすじ五五年。国内だけでなく、これまで世界一八ヶ国で石像文化財の修復・復元を成し遂げてきた。

世界に認められる左野さんの技は、石の「目」を読むことだ。

加工に使う石の多くは、地中のマグマが冷却し、固まったもの。冷えて固まるとき、マグマは微妙に縮《ちぢ》み、目に見えないほどの細かな割れ目が入る。その石の「目」と呼ばれる細かな割れ目や粒子の流れを、石の表情や触った感覚だけで見極める。

「石の前に座るやろ。そしたら、どういうふうにとってくれ、言うてるかわかるわけや。この石の叩く位置は一番最初はどこだ、というのは、ぱっと石の顔見たときにわかるわけ。それを読めなかったら、石を叩けないわけや」

そう豪快に語る左野さんだが、じつはきわめて繊細な一面もあわせ持つ。

この半世紀あまり、左野さんは毎日、一日の終わりに日記を書いている。作業でうまくいかなかった点を書き残し、どうすれば良いか考える。明日の作業をイメージし、対策を考える。後日、日記を見直せば、自分の思考の過程が見て取れる。

左野さんはそうやって、真摯《しんし》に仕事と向きあい続けてきた。

一つの仕事に打ちこみながら、ルーティンに陥らず高みを目指せるのはなぜか。その秘密は、左野さんのこの習慣にある。左野さん独特の表現は、こうだ。

一〇分〝今日〟を反省し、五分〝明日〟を夢見ろ

この言葉は、若い頃に出会った恩師たちとの縁のなかで育《はぐく》まれた。昭和一八年、左野さんは和歌山の石工の次男として生まれた。家は貧しく、中学卒業を前に栄養失調で四ヶ月入院し、就職の機会を逃してしまった。

仕方なく石工を継いだ左野さんを待っていたのは、下積みの毎日。朝から晩まで石の粉を浴びる過酷な仕事だった。しかも当時の石工は、大工や左官と比べ、下に見られがちだったという。周りを見返したい、そんな一心で左野さんは大胆な行動に出る。

世界を回る武者修行の旅だ。フランスのルーヴル美術館にインドのタージ・マハル、石造りの建築を訪ねては、現地の職人のもとで飛び入りで働き、技を盗んだ。

帰国してからも、石による違いをくわしく知ろうと、深夜まで石を叩き腕を磨《みが》いた。しかしそれでも、「見下《みさ》げられている」という劣等感を払拭《ふっしょく》することはできなかった。仕事に自信が持てず、現場でも他の大工や左官に、自分の意見をうまく伝えることができずにいた。

そんなとき、左野さんの考えを変える出会いがあった。仕事の打ちあわせのときに出

会った、ある高名な考古学者。自分の意見を言えずにいた左野さんに、こう言葉をかけた。

「君は石工なんだから、もっと石について勉強し、もっと自信を持ちなさい」

劣等感だけ抱いていてはだめだ。ちゃんと自分の頭で考え、前に進んでいこう。その道の大家の言葉に、左野さんは奮い立った。

左野さんは毎晩、今の仕事について考える時間を持つようにした。まず一〇分、今日の仕事の反省点や気になったことを日記につける。そして五分は明日の仕事のシミュレーション。将来こんなことがしたいと、頭のなかで夢を膨らませることもした。あわせても一五分という短時間に限定すれば、毎日でも続けられる。

一〇分の振り返りと、五分の目標設定。続けていくと、不思議と自分の仕事に自信が出てきた。他の大工や学者に対しても、対等に向きあえるようになったという。

そんな左野さんに、さらなる出会いが待っていた。二五歳の頃、奈良時代からの歴史を持つ唐招提寺《とうしょうだいじ》の修復に取り組んでいたとき、一人の僧侶《そうりょ》に話しかけられた。

唐招提寺の最高位を務めていた高僧・森本孝順さんだった。いつも石の粉だらけになって一心に働く石工の若者。森本さんは、なぜかそんな左野さんを気さくに部屋に呼ぶと、抹茶を振る舞った。しかし、左野さんは、そもそも茶の作法を知らなかった。

「なんだよ、こんなお菓子なんて……」とまどう左野さんに、森本さんは言った。

「ほんまに阿呆やなあ。おまえの頭は真っ白だ。いい色に染めろよ」

そう言うと、何冊かの本を差し出した。それは、文化財の歴史やその修復方法が書かれている貴重な専門書だった。いまもって、なぜ森本さんがそんなことをしたのか、左野さんにはわからない。

だがそれから、左野さんと森本さんの不思議な関係が始まった。

森本さんは、ことあるごとに左野さんを阿呆と叱《しか》った。挨拶《あいさつ》や言葉遣《づか》い、仕事への向きあい方から、伝統的な建築様式まで。言い方はソフトだが、その言葉はいつも物事の本質をついていた。

左野さんはそのたびに、負けてなるものかと、本を借りては熟読し、仕事によりいっそう厳しく向きあった。そして一日の最後は「一〇分反省し、五分夢見る」ことを続けた。

すると徐々に、左野さんのもとに新たな依頼が舞いこむようになった。中国・インド・イラクなど、海外の貴重な文化財の修復のプロジェクト。難しそうな案件も、若い頃から海外に出向き、その後も研究を続けた左野さんにとっては、チャレンジしがいのある仕事。周りから重宝がられ、キャリアを順調に重ねていく。

だが四五歳のとき、左野さんは思わぬ試練にぶちあたる。

ある寺を修復しているとき、現場で原因不明の火災が起きた。現場の責任者だった左野さんが、八〇〇〇万円の損害を背負うことになったのだ。

積み上げた信頼もこれで失う。もう終わりだと思った。

そんな左野さんのもとを訪ねる人がいた。森本孝順さんだった。

「おまえがずっと積み上げてきたものを、無駄にするわけにはいかない」

そう言って、貯金通帳や印鑑など自らの財産をさし出したのだ。常識ではとうてい考えられない、師の行動だった。左野さんは、胸が熱くなった。

「そうか、ここまで言ってくれてるのに、俺が頑張らないでどうすんねん」

もう終わりだとあきらめた自分が情けなかった。自らを奮い立たせ、左野さんは再び立ち上がった。結局、森本さんのありがたい申し出は断って、自分で借金を返すと決めた。

どんな依頼でも引き受け、毎日毎日、石に向きあい続けた。他の石工が挑戦しない難しい修復にも挑み、実績を積み重ねていった。

そうして左野さんは、日本のみならず世界にも名がとどろく石工となっていった。

左野さんは今、自らの経験とその信念を後世に伝えたいと、世界遺産・カンボジアのアンコール遺跡群の修復現場で若手の育成に挑んでいる。

教えるのは、現地の石工一〇人あまり。なかには、その日の仕事が終わるとすぐに帰り、町に遊びにいってしまう者も少なくない。それでも左野さんは、辛抱《しんぼう》強く指導を続ける。ノミの扱い方から、風化した石の運び方まで、繰り返し何度も教える。

数十年という長い時間がかかる遺跡の修復。それを成し遂げるには、どんな困難にも耐えることができる強さが必要だ。左野さんはその思いから、いつもこう話す。

「毎日、自分の仕事を少しでもいいから反省し、明日の仕事へとつなげなさい」

心を、開き合う

メートル・ドテル
宮崎辰

休みの日、宮崎辰さんがフットサルに興じているときのこと。

仲間の子どもが退屈そうにしているのを見て、宮崎さんは即興の手品を披露《ひろう》し始めた。棒状のスナック菓子を、耳から入れて口から出しているように見せる器用な手つきに、その子は目を丸くして驚いた。

「それ、どうやって覚えたの？」

「おじさんの仕事はね、人を喜ばせることなの……、あ！　マジメに言っちゃった」

そう言って笑う顔も、さまになる。

サービスの達人、ここにあり。だが、その笑顔の陰にはタフな魂が隠されている。

二〇一二年、宮崎さんは一躍有名になった。

サービスマンの世界一を決める世界大会（「クープ・ジョルジュ・バティスト　サーヴィス世界コンクール東京大会」）で、宮崎さんは日本人としてははじめて優勝したのだ。客席の脇で料理をサーブする技術や、料理の深い知識、フランス語での会話など数ある項目で高得点をマーク。本場フランスの関係者も「身のこなしもじつにエレガント」と宮崎さんを絶賛する。

サービスマンはフランスでは「メートル・ドテル」（給仕長）と呼ばれる。シェフと同格の専門職として、その重要性が広く認められている仕事だ。

宮崎さんの職場は、東京・恵比寿《えびす》にあるフレンチレストラン。

その仕事は、お客が予約を入れた瞬間から始まる。食べられない食材やアレルギー情報などの確認はもとより、誕生会やプロポーズなど会食の目的に応じた演出も考える。さらに、たとえばお客の電話番号が０６から始まる場合、大阪に帰る最終の新幹線の時間に間に合うように料理を出し終わろう、という計算までする。

営業前のテーブルセッティングも仕事のうちだ。食器の位置はミリ単位で調整し、少しのほこりも見逃さない。

そして、営業開始。宮崎さんはふだん、およそ一〇組のお客を同時に受け持つ。たえず意識しているのは「お客の気持ちの〝先〟を読む」ことだ。

お客の様子から、ゆったりと会話の時間を楽しみたいのか、テンポ良く食事を楽しみたいのかを察知する。そのうえで、お客にオーダーを取りにいくタイミングや、次の料理を出すタイミングを探っていく。そのために、宮崎さんは厨房《ちゅうぼう》の混み具合や料理の調理時間を正確に頭にイメージしている。同時併行で席を見渡しながら、流れるようにそれぞれのお客にとって最高の食事の空間を〝演出〟していく。

番組の撮影中、背後に聞こえた女性の〝ため息〟から、宮崎さんは料理の量が多いと判断し、小ぶりなものに変更したことがあった。あとでその女性客に聞いてみると、まさにそのとおり。自分から量を少なくしてとは言いづらかったという。宮崎さんの「読み」の深さをまざまざと見せつけられた。

そんな宮崎さんに「理想のサービス」とは何かを聞くと、意外な答えが返ってくる。「気取らず、会話を楽しむ」ことだという。

たしかに、宮崎さんとお客との会話を注意深く聞いてみると、見えてくることがある。宮崎さんは変にかしこまった言い方はしない。あえて少し砕《くだ》けた口調で話しかけることもある。「私の友人がお菓子屋を開いたんですよ」と、プライベートなことも口にする。ときにはジョークも飛ばす。

「気取らず、会話を楽しむ」。そんな理想のサービスに至るために大事だと思うことを、宮崎さんはこんな言葉で表した。

心を、開き合う

「お店に入ってきたとき、お客さまの心というのは閉じてるんです。それを徐々に徐々に開いていって、そこに入りこむ。自分も心を開いて入りこむ。そのときに、幸せな時間を共有できる、なんとも言えない関係が生まれるんです」

理想のサービスは、一方的な「する」「される」だけでは生まれない。サービスマンとお客、双方の心が通いあったときにこそ極上の居心地が生まれる。

それが、宮崎さんの信念だ。

その言葉の大切さを実感したのは、二〇代のつらい日々の頃だった。

宮崎さんは、もともとおとなしく目立たない子どもだったという。自分の作った料理で両親が喜ぶ姿を見て料理人に憧れるようになり、本場フランスにも留学。帰国後は地元のフレンチレストランに就職した。

だが、偶然のいたずらが宮崎さんの進路を変える。

シェフの職には空きがなく、やむなくサービスの仕事に回された。しかし、宮崎さんはそこでサービスの世界の奥深さに触れ、この世界で頑張ろうと決意を固めた。サービスのノウハウを覚え、ソムリエの資格も取るなど、めきめきと腕を上げていった。

でも、どうしても苦手意識が抜けないことがあった。

それは、お客との会話。恥ずかしがり屋な宮崎さんにとって、会話はときに苦痛だったという。こんなこともあった。キャビアの料理を運んだとき、気の利いた会話をしようと焦るあまり、つい口に出た言葉があった。

「このキャビア、今日のワインとはあまり相性は良くないですね」

相手の気持ちも考えず、お客の気分をそいでしまった。

周りからこっぴどく叱られた。ますますお客と向きあうのが怖くなった。

そんな宮崎さんに転機が訪れたのは、二六歳のときだった。

当時働いていたレストランに、一組の中年夫婦がやってきた。その夫婦は常に満面の笑顔で、スタッフと会話を楽しもうとしていた。宮崎さんがワゴンにデザートをたくさん載せて席まで運び、夫婦にデザートを選んでもらおうとしたときだった。

「君ならどれがいいと思う?」と夫婦が聞いてきた。

この夫婦が喜ぶ顔をもっと見たいと、宮崎さんは心から思った。思わず、のめりこむような口調で、こう答えていた。

「このチョコレートがおいしいので、これを絶対食べてください」

あっと思った。また自分の本音を押しつけている。でもそれは、少しでも夫婦に楽しんでもらおうという気持ちの、ストレートな表現だった。

そんな宮崎さんの姿に、夫婦は手を叩いて喜んでくれた。あとで聞くと、あまりに着飾ることなく、正直に気持ちをぶつけてきた宮崎さんの姿が、とても気持ちが良かったのだという。以来その夫婦とは、長いつきあいができるようになった。

宮崎さんは気づいた。思いきって心を開き、気持ちが通じ合ったとき、言葉には表現できない素晴らしい空間がその場に生まれる。そんなサービスなら、自分にもできる。

そして、その後の宮崎さんを支えたのもまた、日々のお客との出会いだった。

「一生に一度のチャンス」と思ったという恵比寿の三つ星レストランからの誘い。受けたのは良いが、働いてみるとプレッシャーに押し潰《つぶ》されそうになり、さすがの宮崎さんも体調を崩した。妙な汗が止まらない。仕事を辞めたいとすら思った。

だがそんなときも、お客の前に立ち会話を交わすときだけは、不思議に気持ちが楽になった。素直に心を開き合えば、そこには素晴らしい空気が生まれる。その充足感が、宮崎さんを支え続けた。

今、宮崎さんは、こうはっきりと口にする。

「お客さまがいるから自分が生きられる。お客さまは自分の体の一部のようなものです。血と肉と、生きていくうえでなくてはならないもの。だから自分の体を削ってでも、お客さまに尽くさなければいけない。そういう仕事なんです」

世界大会の優勝を受け、仲間が開いてくれたパーティ。仲間から挨拶を求められて叫んだ言葉が、宮崎さんのサービスという仕事への向き合い方を、何よりも表していた。

「接客とは、愛です」

仕事を楽しんでいる人には、だれもかなわない

駅弁販売

三浦由紀江

〝駅弁販売のカリスマ〟と呼ばれる女性がいる。

三浦由紀江さん、五九歳。車内販売や駅構内の売店の営業を行うJR東日本の関連会社で現在、「駅弁マイスター」を務めている。上野駅や大宮駅などの首都圏のターミナルステーションの売店で自ら駅弁を販売しながら、他の販売員の接客指導を行うのが仕事だ。

三浦さんの経歴はドラマチックだ。四四歳まで三人の子どもを育てる専業主婦だったが、長女に「外で働いてみたら」と言われたのがきっかけで、近所にあった上野駅の売店で駅弁を売るパートの仕事についた。

仕事を始めるや、三浦さんは専業主婦時代に磨いた消費者の目線を武器に、上司にかけあい売り場にさまざまな工夫を加えていく。それまで駅弁と飲み物しか置いていなかった

売り場に、朝の忙しい通勤客が気軽に口にできるサンドウィッチやおにぎりを置いてみたところ、その店の一日の売り上げは五万円ほど上がった。冬になると、上野駅から新潟や東北にスキーへ行く客のために、通常朝六時半の開店時間を一時間早めて、一日一〇万円も売り上げを増やしたこともあった。

そして、それまで本部で管理していた商品の発注を、売り場に立って客の嗜好《しこう》を把握している自分に任せてほしいと提案。これが実現すると、実際に売れ残りが減り、仕入れた駅弁がほとんど売りきれるようになった。こうして、三浦さんが担当する売店は一年で三〇〇〇万円以上売り上げがアップ。三浦さんは社内でも注目を集める存在になっていく。

その後、五二歳で正社員に採用。その翌年にはついに、パート、アルバイト合わせて一〇〇人以上の部下がいる大宮営業所の所長に抜擢《ばってき》されたのだ。

それまで赤字続きだった大宮営業所で、三浦さんは大きな改革を推し進めた。

自分がそれまでしてきたように、パートやアルバイトに駅弁の発注など、責任のある仕事をどんどん任せたのだ。それぞれの意欲を引き出す改革は、就任一年目で営業所を黒字に転換。さらに、就任してから四年間でじつに一億円以上、売り上げをアップさせた。三浦さんが〝駅弁販売のカリスマ〟と呼ばれるゆえんだ。

三浦さんの働く姿は、じつに細やかな気遣《きづか》いに満ちている。

取材を行った二〇一二年夏、三浦さんは忙しいデスクワークの合間を縫っては、管轄《かんかつ》する店舗を回り、販売員一人ひとりにさりげなく声をかけることを日課にしていた。表情が暗い、元気がないと感じれば、その場で一緒に接客しながら、合間に「どうしたの?」と尋ねる。そして、前向きな気持ちになるよう、冗談を言ったりしながら励ます。

三浦さんは、自分にも部下にも「仕事を楽しむ」ことを求めている。その理由を、こう語った。

仕事を楽しんでいる人には、だれもかなわない

「私にとって働くということは、楽しむってことかもしれませんね。職場に来て、楽しいと思えなかったら、あんまり成果は上がらないんじゃないかなと思うんです。仕事が楽しいというのは大間違いだっていう人もいますから、それはそれで、その人はそういう仕事をすればいいいと思うんです。でも私は、そうするとすごく疲れますね」

仕事は日々、結果が求められるもの。つらく、苦しいときのほうが多いかもしれない。

三浦さん自身も、日々結果を求められるビジネスの現場に身を置く以上、思うようにいかず胃が痛むようなこともある。しかし、それでも仕事を楽しもうと、三浦さんは明るく、元気よく接客を行い、部下を励ます。楽しむことができれば、仕事に没頭できる。没頭できれば、多少うまくいかなくても、もっと頑張ろうと前向きに考えることができるし、くじけることがない。そうすれば、自分らしくチャレンジを重ねて成長できる。「楽しんでいれば、結果は後からついてくる」と三浦さんは信じている。


だが、そんな三浦さんもかつて一度だけ、仕事を楽しめなかったことがある。

それは二〇〇七年春、大宮営業所の所長に抜擢されたときのことだ。

会社とすれば、三浦さんの能力を見込んでのことだったが、ついこないだまでパート販売員として働いていた自分には、一〇〇人以上の部下を束《たば》ねることなどとてもできないと三浦さんは感じていた。

だが、当時の大宮営業所は赤字続き。社長をはじめ会社幹部の自分に対する期待を考えると、むげに断ることもできず、結局所長の職を引き受けることにしたのだ。

実際に大宮営業所に行くようになると、三浦さんは完全に自分を失った。部下の社員にできないことがあると、必要以上に厳しく叱った。また、売り上げデータの管理や部下の勤務管理など、慣れないパソコンでの作業も増えていくなかで、一人で仕事を抱えこむようになってしまった。

「パート上がりに何ができる」と思われているようで、気軽に周囲に助けを求めることもできない。追いこまれた三浦さんは、ついに「消えてしまいたい」と思うまで落ちこみ、不眠が続き血尿が出るまで体調を崩してしまった。

そんな三浦さんを救ったのは、パート時代に上野駅の売店で働いていた頃の上司からかけられた、さりげない言葉だった。

「三浦さんの得意なことから始めてみたらいい」

昔から気にかけてくれた上司の言葉に、三浦さんははっとさせられた。

「自分はいつの間にか、無理な背伸びをしていたんじゃないかって思ったんです。自分はパートで働きだした頃から、常に自分ができることからしっかりやろうというスタンスで仕事をしてきた。そのスタンスで所長の仕事もやっていこうっていう気持ちになったんです」

三浦さんは、まず部下と向きあう姿勢を変えた。怒るのではなく、少しでもできたことを積極的にほめるようになった。また、自分が苦手なパソコンでの作業を、わからないから手伝ってほしいと素直に頼んでみた。

三浦さんが変わると、次第に営業所内の雰囲気も明るく変わっていった。部下一人ひとりが以前より意欲的に仕事に取り組むようになった結果、営業所は赤字を脱却し、毎年売り上げを伸ばし続けることに成功していくのだ。

「仕事を楽しんでいる人には、だれもかなわない」。そんな思いも、確かなものになった。

放送が終わった二〇一二年秋、三浦さんに再び大きな試練が訪れた。

突然の腹痛に襲われ病院で精密検査を受けると、タマゴ大の大腸ガンが見つかったのだ。死を覚悟したという三浦さんは、当初考え込んだという。だが「常に前向きに、楽しく」を信条に仕事をしてきた自分を思い出し、残りの人生を明るい気持ちで生きていこうと気持ちを切り替えたという。

手術は成功し、幸いガンの転移はなかった。療養のため大宮営業所所長の職は離れたが、今は「駅弁マイスター」という新しい職で、三浦さんは元気に販売の現場を駆け回っている。

その道に、骨をうずめる覚悟

日本料理人
山本征治

料理の世界にも「学会」があるのをご存知だろうか。

学会といえば、物理や化学といった学問の領域で、学者たちが研究成果や最新データを発表する場だ。料理の学会も同じだ。各国のシェフが集まり、日々の研究で編み出した最新の調理法や料理の新たなコンセプトを披露しあう。

料理学会は、ガストロノミー（美食）の文化が根づいているヨーロッパ、とくにスペインでは年に何度も開かれている。首都マドリードで開かれる「マドリード・フュージョン」、バスク地方の「サン・セバスチャン・ガストロノミカ」。主催は美食家や料理評論家だが、国が後押ししているため市民にも馴染《なじ》みが深く、会期中は街の至るところでポスターやのぼりが見られ、言いようのない熱気に包まれる。子どもたちの憧れの職業には、スポーツ選手と並んで「料理人」が挙げられるということからも、「食」に対する関心の高さがうかがえる。料理人にとって、学会は檜舞台《ひのきぶたい》と言っても過言ではない。

だが、料理学会に出席できるのは、有力シェフのなかでも選ばれた人たちだけだ。豊かな発想力を持ち、独自の料理理論を展開できなければ、学会の舞台に立つことは許されない。

その料理学会の常連の日本人が、山本征治さんだ。

東京・六本木に開いている日本料理の店はミシュランガイドでも三つ星を獲得し、国内外からの客で常に満席。伝統を重んじながらも、独自の手法を取り入れた山本さんの料理は「進化する日本料理」と評され、世界中から注目を集めている。

たとえば「鴨肉の焼き物」。

日本料理では、鴨肉は血抜きをして独特の臭《くさ》みを消すのが常識だ。だが山本さんは、肉の旨味《うまみ》を引き立てるためにあえて血を残す。六二度の油のなかに鴨肉を漬けこみ、じっくり熱を通す。六二度というのは、何度も実験を重ねて見つけ出した温度。血や肉汁が外に漏れ出さないギリギリの温度だという。その後、鴨肉の表面を炭火で焼き上げ、焦げ目をつける。そして、仕上げに稲藁《いねわら》の煙で軽くいぶす。藁の香りをまとうことで、生臭い血がコクのある風味に変身する。山本さんは、こうした独自の工夫で、伝統の日本料理をさらなる高みへと進化させている。

その技術と発想力から、山本さんは天才料理人と称されることも多い。たしかに山本さんには天賦《てんぷ》の才があると言えるだろう。だが、料理を進化させるために人知れず重ねている努力は、想像をはるかに超える。

山本さんの店では、午前中から仕込みが始まる。夕方四時、まかないを掻《か》きこみ、六時前には客を迎える。厨房はまさに戦闘状態になる。息つく間もなく料理を作り続ける。店が終わるのは午前一時ごろ。もう何時間も立ち仕事をしているため、撮影をしているスタッフも疲労感を隠せない。しかし、山本さんは意気揚々と言う。

「さあ、料理しよう!」

最初は耳を疑った。しかし、山本さんは新たな料理の試作を始める。その日の営業中にひらめいた料理を、次々と形にしていく。試作が成功すると子どものように喜ぶ。文字どおり飛び上がってガッツポーズをするときさえある。逆に失敗すると本気で悔《くや》しがる。結局、試作は朝日が差しこんでくるまで続く。それも毎日だ。そして何より驚かされたのは、どんなに疲れていても一度もグチを言わないことだ。

何が山本さんをそこまで駆り立てるのか。返ってきたのは、こんな言葉だった。

その道に、骨をうずめる覚悟

「僕の料理に対する覚悟は、ただの覚悟じゃなくて骨をうずめる覚悟なんですよ。人生のすべてをかけると決めてるんです。そうしないと料理を進化させることはできないし、世界にも通用しない。僕は毎日、それくらいの気持ちで料理に向きあっているんです」

その覚悟の深さは、どこから生まれたのか。きっかけは「料理学会」だった。独立して間もない三四歳のとき、山本さんにはじめて料理学会出場の打診があった。若くして日本代表に選ばれたことに、奮い立った。

考えた末、発表テーマに選んだのは「魚の活《い》け締《じ》め」だった。生きた魚の神経を手際よく抜き、極上の刺身に仕立てる難しい技法だ。修業時代に何年もかけて身につけた日本料理ならではの技《わざ》だった。

二〇〇四年一一月。山本さんはスペインのサン・セバスチャンで開催された料理学会の舞台に立った。緊張しながらも満足のいく発表ができたと思った。会場を埋め尽くしていた各国のシェフ、料理関係者たちが割れんばかりの拍手をしてくれた。

降壇後、山本さんは質問攻めにあった。

「コツは何か？」「神経を抜くときの力加減は？」

そして、こんな声があがった。

「みごとな技だ。こんな技を考えつくなんてすばらしい」

自分が日本料理を背負っている気がして、誇らしかった。山本さんは胸を張って答えた。

「いいえ。これは日本料理の伝統の技です」

場の空気が一気に変わった。そして思わぬ一言を突きつけられた。

「残念だ。あなたの考えた技じゃないのか。それなら、ステージに立つのは日本人ならだれでも良かった。あなたじゃなくても良かった」

山本さんは、何を言われているのか理解できなかった。腹立たしさを感じた。しかし、他のシェフたちの発表を見て、悔しさは驚きに変わった。

スペイン人の若手シェフがオリーブオイルを凍らせるのに用いたのは、液体窒素《ちっそ》だった。マイナス一九六度で瞬間冷却したら、これまでにない新しい食感を生み出すことができたと発表した。

あるシェフは、レモンティーを水に垂《た》らした。すると、レモンティーが球体となって水のなかに沈んでゆく不思議な現象が起きた。仕掛けを聞いてみると、レモンティーにはアルギン酸ナトリウムが、水には塩化カルシウムがそれぞれ溶かされていた。化学反応によりレモンティーの表面が固まり、イクラのような粒になったのだ。この原理を応用すれば、ジュースやスープなどの液体の表面だけを固め、粒状の食品を生み出すことができるという。

山本さんは、大きな衝撃を受けた。

海外の料理人たちは、みな個人の発想力や哲学をもって料理を進化させている。それに引き替え、自分は先人たちが築いてきた技をたんにコピーしているに過ぎなかった。それまで、伝統の技や調理法を体得することがゴールだと思っていた山本さんは、価値観を大きく揺さぶられた。

「まさに井のなかの蛙《かわず》でした。それまで日本料理のことしか知らなかった僕は、たとえるなら富士山が世界一高い山だと思っていたんです。でも、目の前にいきなりエベレストが現れた、そんな感じでしたね」

当時、山本さん自身が会場で撮っていたホームビデオに印象的な音声が記録されていた。

「なんや、あれ……」という山本さん自身の声。叫ぶのではなく、腹の底から絞り出すような声だった。

さらに、〝最後の一撃〟は、学会終盤に登場した一人の料理人のスピーチだった。

当時、世界一予約が取れないレストランと評判だったスペインの「エル・ブリ」のシェフ、フェラン・アドリアは、こう皆に呼びかけた。

「新しい調理法を発見したら、国境を越えて共有しよう。その店で秘伝の方法にしてしまっては、料理は進化しない。みんなで料理を進化させ、未来の食文化を築いていこう」

通訳を介してだったので、一言一句正しいかどうかはわからない。だが、こういう意味だったと山本さんは記憶している。熱気と気迫に包まれた会場で、山本さんのなかに新たな気持ちが湧き上がってきた。自分も海外のシェフたちのように、この手で料理を進化させたい。このときのことは、今でも鮮明に覚えている。

「何が負けているのか。技術じゃないんですよ、意識ですよ。今を生きる者として、もっとできるという気持ちをどのくらいのレベルで持てるかという意識ですよね。明日から変わろう、今すぐ変わろう、この瞬間から変わろう。一三〇〇席ある客席の一席で、僕はそう思ったんです」

先人からバトンを受け継いで、どれだけ自らの足で走れるか。それこそが自分が生きた証になる。山本さんのなかに、料理を進化させるために人生を捧げる覚悟が生まれた。

日本に帰った山本さんは、独自の料理への挑戦を始めた。家に帰る時間が惜しくて、店に布団《ふとん》を持ちこんだ。新しい方法を思いつくと飛び起きて厨房に行き、すぐに試した。

金魚の水槽《すいそう》で使われるポンプを使って出汁を泡立て、フワフワの食感を作り出した。山本さんが開発したオリジナルの技術だ。化学研究室で使われる蒸溜器《じょうりゅうき》で、柚子《ゆず》の香りを抽《ちゅう》出《しゅつ》することにも成功した。

その手法は、けっして良い評判ばかりを生んだわけではなかった。こんなものは日本料理じゃない、日本料理には革新など求められていない、そんな声も聞こえてきた。足が遠のいた常連客もいた。山本さん自身、どう進むべきか真剣に考えこんだ。でも、今までの料理に戻ろうとは思わなかった。「その道に骨をうずめる覚悟」――その強い思いが、孤独な闘いを続ける山本さんを支えた。

新しい手法を生み出すばかりでなく、既存の調理法も一つひとつ見直していった。たとえば味噌漬けにした魚の切り身を焼く「西京《さいきょう》焼き」。味噌漬けにするとき、魚と味噌が接する面積は、どのくらいがベストなのか。切り身を炭火にかざしたとき、何度になると身から肉汁が出てくるのか。緻密《ちみつ》に計算し尽くされた西京焼きを食べた客は「こんなおいしい魚ははじめて食べた」「魚とは、こんなにおいしいものだったのか」と称賛の言葉を口にした。

山本さんはけっして歩みを止めることなく、ありとあらゆる方面から料理を進化させていった。

すると、やがて各国の学会から、たびたび招待の連絡が入るようになった。今では、海外の有名シェフたちに刺激を与え、与えられる関係だ。各国のスターシェフたちが口を揃えて言う。

「ヤマモトからは、いつもインスピレーションをもらっているよ」

「彼の料理は、日本料理の未来だ」

自分の店の切り盛りに加えて、学会発表のための研究をすることは容易なことではない。だが、料理の道に骨をうずめる覚悟を決めた山本さんは、今日も深夜の厨房に立ち続けている。

まだ四二歳。日本料理はどこまで進化するのか、目が離せない。

しんどいなあと思うけど、勉強と努力をやめた瞬間、終わるだけ静かに、終わるだけ

脚本家

遊川和彦

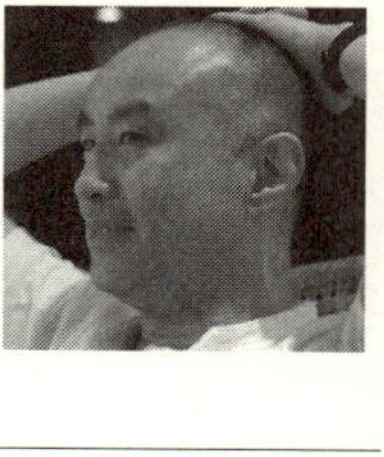

遊川和彦さんのキャリアは、業界の奇跡と呼ばれる。最終回の視聴率が四〇％を超えた『家政婦のミタ』をはじめ、『女王の教室』（向田邦子賞）や、『さとうきび畑の唄』（文化庁芸術祭テレビ大賞受賞）など、手がけた脚本は四〇あまり。浮き沈みの激しいテレビ業界にあって、二五年にわたり第一線で仕事をしている。

特筆すべきは、作品のほぼすべてがオリジナルということ。すでにヒットした小説や漫画を原作にしたものが多数を占めるなかで、これは異例のことだ。

ドラマへの関わり方も変わっている。脚本の仕事を受ける際、プロデューサーとある約束を交わすという。それは、脚本家ではなく、制作スタッフの一人として、衣装合わせや編集など、制作に関わるすべての過程に携わらせてほしいというものだ。そして、一本の

作品が終わるまで、どんな小さな仕事でも並行して受けることはしない。

執筆のなかで最も時間をかけるのが、登場人物の設計だ。その人物の趣味は何か、何時に起きるのか、起きたらまず歯を磨くのか顔を洗うのか、どんな洗顔料を使うのか……。主役から脇役まで、けっしてドラマに反映されないようなことまで、徹底して考える。

「今のドラマは、だれかが死んだら悲しいとか、そういうことばっかり描くでしょ。でも人間ていうのは単純ではなくて、優しさもあれば冷たさもあるし、向上したい気持ちもあれば怠《なま》けたい気持ちもある。それはわかりにくいし面倒だから、ドラマの題材にならない。でも、そういうリアルな人間を書く意思が、じつは大切なんだと思う」

そして、自分が生み出したキャラクターの内面を、撮影現場で言葉を尽くし、役者や制作スタッフに伝える。ぶつかることもいとわない。スケジュールに制約が多く、ときに分単位で仕事が進んでいく連続ドラマの現場でも、とにかくしつこい。たとえ現場が止まったとしても、「それでいいのか」と疑問を呈し、再テイクの希望を伝える。

二〇一二年の夏、遊川さんの姿は、朝の連続テレビ小説『純と愛』の撮影現場にあった。

あるシーンの本番の直前、遊川さんが台本に手を加える場面があった。互いに本音をさらけ出せない親子が喧嘩《けんか》別れをするシーン。リハーサルを見ていた遊川さんは、本番直前に演出担当に声をかけ、自分が何度も練り直した父の最後の台詞《せりふ》を、ひと言削った。台詞がないほうが、父親が内面に抱える複雑な心情が際立つと考えた。

「良くなるのであれば、撮影の直前だろうと、最後の一秒まで書き直します」

遊川さんが脚本家としてデビューしたのは三一歳のとき。脚本家として、何を書くべきか、悩み苦しんだ時期もあった。筆が進まず、執筆を中断することもあった。「俺は無能だ」と、のたうち回ったこともある。

それでも、遊川さんは筆を折ることはしなかった。それは、多くのスタッフや俳優たちが本気になって一つのものを作り上げるドラマ作りの現場が、何よりも好きだったからだ。

「俺はこんなすばらしい人たちに出会って、こいつらと一緒に働ける。相手を理解して、お互いに認めあい、思いを伝え、相手の思いを聞き、それによっていろいろ人生が変わっていき、自分の思いもよらない瞬間に立ち会える。その喜びに勝るものはないと思いますけどね、生きているうえで」

その喜びがあるからこそ、相手に求める以上に、遊川さんは自分にも厳しい「本気」を求め続けてきた。

一見、豪放磊落《ごうほうらいらく》に見える遊川さんは、じつはお酒もたばこもたしなまない。

執筆は長いときで一日一四時間。ヒットを期待されるプレッシャーのなか、ときに絶望に襲われながら、机に向きあい続けてきた。どうやったら面白くなるか、どうやったら新しいドラマができるか、起きている間は常に考えているという。

あるとき、こう話してくれた。

「暇なときはドラマをず〜っと見て、映画をず〜っと見て、舞台もず〜っと見て、本も読んで、音楽も聴いて。そういうものが嫌になった瞬間、終わりですよね」

そして、最後にこう締めくくった。

しんどいなあと思うけど、勉強と努力をやめた瞬間、終わるだけ

静かに、終わるだけ

連続テレビ小説『純と愛』のラストシーン。ハッピーエンドで終わるだろうという視聴者の予想を裏切るような意外な結末が待っていた。

賛否両論あったものの、視聴者に強烈な印象を与えたことは間違いない。
「人の心に何かを残せるようなドラマ」遊川さんはこれからもそれを模索していく。

V　人を伸ばす、6つの言葉

一番大事なことは、腹をくくっていること

プロサッカー監督
岡田武史

二〇一〇年のワールドカップ南アフリカ大会で、日本代表をベスト16に導いた名将・岡田武史さん。

今なお語り継がれる戦いぶりのなかでも、とくに鮮烈な印象を残したのは、選手個々の間に神経が通いあっているような抜群のチームワークだった。先発でピッチに立つ選手はもちろん、控え選手、コーチ、スタッフまでが固い絆《きずな》で結ばれたその姿は、多くの人の記憶に今なお刻まれていることだろう。

勝利という目標を共有しているとはいえ、一流選手はそれぞれにプライドが高く主張も強い。選択すべき戦術、各選手に求めるべき役割……、指揮官の方針決定いかんでは、チームの瓦解《がかい》さえ起こりかねない。個性の強い集団をまとめ上げる作業の難しさは、過去

の事例が十分に証明している。

岡田さんは、勝負というものは八〇％まで細部で決まると言う。評論家やメディアは、勝敗の原因をシステムや戦術に求めがちだ。もちろんそれも大事だが、それよりもはるかに大きな要素がある。

とくに試合の分かれ目になったプレーを分析してみると、それは、大丈夫だと思ってスライディングしなかった、一瞬の隙《すき》でマークを外した、そんな細かなエラーがほとんどだという。その細かな分かれ目は、どこから生じるのか。そこを突き詰めると、結局は、選手一人ひとりがどれだけ自分の責任と判断のもとにプレーしているか、という点に行き着くという。

では、岡田さんはいったいどのように選手をまとめ上げ、大舞台でその実力を発揮させたのか。指揮官としての秘密を尋ねると、こんな答えが返ってきた。

一番大事なことは、腹をくくっていること

広く知られていることだが、二〇一〇年のワールドカップで二度目の代表監督を務めることになったのは、岡田さんにとって偶然の出来事だった。

はじめて監督に就任した一九九八年のワールドカップフランス大会のときも、アジア予選の途中に前任の監督が更迭《こうてつ》されたことにより突然大役が回ってきたのだが、二度目の二〇一〇年もまた、イビチャ・オシム監督が病に倒れたため、突然白羽の矢が立ったのである。

二度目の就任要請を受けたとき、岡田さんは引き受けるかどうか激しく悩んだ。もちろん、簡単に下せる決断であるはずがない。代表監督は日本中の期待を一身に背負う激務である。試合の結果いかんでは自身が容赦のない批判にさらされるだけでなく、家族をも巻きこむことになる。事実、一回目の監督を務めたとき、岡田さんの自宅前ではパトカーが二四時間、警備していたときもあった。

しかも二回目のオファーは、さらに不利な要素が重なっていた。日本サッカーの救世主とあがめられていた世界的名将・オシム氏の後任として、準備期間もほとんどないなか、ワールドカップ予選に臨むのである。代表監督という仕事の厳しさを知り尽くした岡田さんにとって、容易に引き受けられるものではなかった。

だがもう一つ、より根源的な悩みがあった。

岡田さんは二〇〇〇年シーズン、J2コンサドーレ札幌を率いてみごとJ1に復帰させ、続いて率いた横浜マリノスでは、〇三〜〇四年シーズン、二年連続年間王者を勝ち取るなど、監督としての名声を比類ないものにしていた。しかし、岡田さんは自分の指導力に限界を感じていたと明かす。

「マリノスで二連覇したあとも、なんかこれじゃないという感覚があって。うれしいんですよ、うれしいんですけど。俺の指導の限界かなとずっと思っていたんですよ」

岡田さんの言う「限界」とは、何を意味するのだろうか。

コンサドーレ札幌でも、横浜マリノスでも、岡田さんが就任二年以内に結果を出した背景には、緻密な戦術を徹底させるという指導があった。

しかしこの成功の陰で、岡田さんは別のチャレンジもしていた。それは一言で言えば、「自由を重んじる指導」。サッカーは、状況が常に変化するピッチのなかで、選手自らが打開策を考え出さなければならないスポーツだ。選手たちが指揮官の指導を超えて、自らの責任と判断のもとに自由に動く。岡田さんは、国内やアジアはともかく、世界の舞台では選手の自主性なくては戦えないことを、身をもって知っていた。だからこそ、リスクを負って、自由を重んじる指導を目指したのだ。

だが、結果は出なかった。〇五年シーズン以降、チームに自由を与えると、選手が迷い、混乱することの繰り返し。結局、戦術を教え込むもとのやり方に戻さざるをえない状態が続いた。当時日本最高のタレントを揃えていた横浜マリノスですら自由な指導が実を結ばないという現実が、岡田さんにはショックだった。

そして〇六年、岡田さんはマリノスの監督を辞任した。

自分の器を超えたチームを作るにはどうしたらいいのか？　選手自らが、自分の責任で自由に判断して動くチームはどうすれば作れるのか？　岡田さんはあらゆることからヒントをつかもうとした。

「辞めてからずっと、サッカーなんかを見ずに、経営者のセミナーに出たり、人材育成の勉強会へ出たり、心理学、運動生理学、脳の勉強、もう怪しいことも結構しましたよ。でもわからなかったんですね」

そんなときに受けたのが、二度目の代表監督への就任要請だった。ある意味、最も迷いが深まっていた時期に、運悪くオファーが来たとさえ言えるかもしれない。

結局、岡田さんは二度目の代表監督を引き受けた。そのとき真っ先に決めたのは、これを最後の仕事にする、という覚悟だったという。

「自分が生き延びることとか考えると、どうしても自分に対して甘さが出てくる。これが最後の仕事だという覚悟で、どれだけ批判されて、次の仕事がなくてもしょうがないと、もう自分の思いどおりにやろうと決めていました」

岡田さんはもう一度、選手に「自由」を与える指導方法に挑んだ。

もちろん戦術は練り上げ、伝えなければならない。しかしそれと同時に、その指導で自由が失われないように、選手自らの責任と判断で動ける組織を作り上げていく。二律背反の目的を岡田さんは同時に追いかけた。

やり方に確信はなかった。だがとにかく自分の思いどおりにやる、そのことだけは決めていた。選手たちに繰り返し、「これは俺たちのチーム。自分たちの責任で判断し、自分たちの責任で戦おう」と伝えた。そして全知全能をかけて、理想の指導を追い求めた。

転機が訪れたのは、練習の後、ビデオを見せながら戦術を解説するミーティングのときだった。

選手たちを「何々すべき」という制約から解き放つ方法を考えながら、岡田さんは戦術指導用のビデオを編集していた。戦術的には「パスが望ましい」ことを伝えたい場面で、岡田さんは、いいパスを出している映像をふんだんに取りこんだ。そのときふと、その場でドリブルを選んだ選手のプレーも入れておきたくなった。なぜそう思ったのかはわからない。コーチ陣には、ドリブルのシーンについてはミーティングでは触れないでくれ、と事前に伝えておいた。

ミーティング本番、岡田さんはパスの重要性を説いた。そしてドリブルのカットが流れたとき、何気ない口調で「このドリブルもいいな」とつぶやいた。その瞬間、チームの空気が変わった。「そうか、それでもいいのか」。岡田さんはこのとき、わずかな手応えを感じた。その後、大会前のチームの不調で追い込まれた選手たちは、自ら動き出した。

ワールドカップ本番、一人ひとりに神経が通いあったようにチームが躍動したのは、その数ヶ月後のことだ。

「こうしたらこうなる、こうやったらチームが強くなるなんて、そんなことがわかったらだれでもできるんであってね、そのときのチームの選手の心理状態とかを見て、どうしようかと考える。ある意味、結果を残す人って限られているんですよ。共通項はどこにあるかと考えると、それはやっぱり、その現場に真剣に向きあっている、必死になってやる、ダメならしょうがねえやって腹をくくってる、それぐらいしかないいんじゃないかと」

将来について腹をくくる。それは代表監督を引き受けるときに固めた決意であり、自分の信念を貫き通すための絶対の条件でもある。自分の将来のことは考えない。だからこそ、自分への甘さを捨て、厳しい判断を下せる。その姿勢がぶれなかったからこそ、チームはまとまっていったと岡田さんは考えている。

「登るべき山を持っているかどうか。何のためにこの仕事をやるのかという目標を持っているかどうか。それがものすごく大事。たとえば南アフリカ大会で、なぜこんな割の合わない仕事をするのかと考えると、名誉のためとかお金のためとかいろいろあるんだけど、最後にいつも行き着くのが、自分のスタッフ、選手、その家族の笑顔を見たいと、喜ばしてやりたいと、そういうところ。

結局、登るべき山を必死になって登っている姿を見て、人はついていくと思うんですよ。聖人君子についていくわけじゃないんですよ。すごく頭が切れてパッパッパッとやる人についていくわけじゃない。

リーダーになるときに、決断力や洞察力、いろいろ勉強することはいいことだけど、一番大事なことは、腹をくくって高い山に必死になって登っている姿を見せること」

日本を世界のベスト16に導いた指揮官の、偽らざる言葉である。

同じリスクなら、〝世界を変える〟リスクを取れ

IT技術者

及川卓也

今日の勝者が、明日の敗者となる。

そんな生き馬の目を抜くＩＴ業界の最前線に立つ及川卓也さんの仕事場は、六本木ヒルズの上層階、グーグル・ジャパンの開発フロアにある。

ここは「エンジニアの楽園」とも呼ばれている。

ビリヤード台や卓球台などが並ぶプレイルームや、寿司からデザートまでそろう無料の社員食堂。ラフな服装に身を包み、ときにはソファに寝転がって仕事する。

もっとも、及川さんはこの〝楽園〟という表現には、抵抗があるようだ。

「ある目的を達成しようとする人にとって、天国のような環境だ、という言い方が良いですね。楽しくって、ラクで、何をしなくても良いってわけじゃない」

及川さんは「優男《やさおとこ》」という表現がぴったりの、温和でスマートな技術者だ。いつも笑顔を絶やさず、仕事で声を荒げることはない。周りから親しみを込め「卓也さん」と呼ばれ、なぜか自分の机にぬいぐるみを勝手に置かれることもある。

だが、及川さんの実績はだれもが圧倒される。

かつてはマイクロソフトに在籍。ＯＳ（基本ソフト）の開発に携わり、「Windows Vista」では日本語版と韓国語版の開発も統括し、ＩＴ業界にその名を刻んだ。二〇〇六年、グーグルに籍を移し、新しいソフトやサービスの開発で実績を上げている。

たとえば、世界の新潮流「クラウド・コンピューティング」を推し進める技術開発。クラウド・コンピューティングでは、さまざまなソフトやデータはパソコンのなかではなくインターネット上に存在する。そのためユーザーは、ソフトのインストールやバージョンアップの手続きをする必要がなく、いつでも、どの端末からでも最新のサービスを受けることができる。及川さんのチームは、この動きを加速させるパソコンの基本ソフト「Chrome OS」やインターネットを見るためのブラウザー「Google Chrome」の開発で世界的な評価を得ているのだ。

そんな新時代の技術開発は、一人の〝天才〟の力ではできないと及川さんは言う。

実際、及川さんのもとには四〇人以上の敏腕エンジニアが集い、激しい議論を交わしながら、最先端の開発を進めている。どのエンジニアも厳しい選抜を経て入ってきた、その道では有名な俊英ぞろい。当然、並みのリーダーでは納得しない。一癖も二癖もあるメンバーをまとめ、結果を出していくために、及川さんには独自の方法論がある。

番組の取材中、及川さんがチームの運営で、大きな決断を迫られたことがあった。それはChrome OS用の文字入力ソフトを開発するプロジェクトでのことだ。

及川さんは新たな展開をするべきだとメンバーに申し出たが、チームの面々からは慎重な意見が相次いだ。現在進行中の仕事で手が回らないこと、そして、新たな展開をしてもかならずしも成功が見込めないことが、慎重論の理由だった。

こうした反応に、及川さんは危機感を抱いた。みな、まじめに開発に打ちこんでいることに疑いはない。だが、プロジェクト全体が何かを成し遂げるときに必要な、突き抜ける勢いに欠けているのではないだろうか。

徒労に終わるかもしれない挑戦に対し、リスクを取って新たな一歩を踏み出すのはたしかに怖い。だが、IT業界の最前線で二〇年以上働き、成功も挫折も味わってきたからこそ、このとき、若いエンジニアたちに伝えたい言葉があった。

同じリスクなら、〝世界を変える〟リスクを取れ

「すべてのことに対してリスクはあると思うんです。けれども、同じリスクならば、世界を変えるとか、未来や夢に向かってリスクを取っていくほうがいい。リスクは、嫌でも周りにたくさん転がっていて、自分のところに降りかかってくるわけですから、積極的にそのリスクを取りにいって、自分が挑戦したいものに挑戦していくほうがいい」

及川さんはその後、メンバー一人ひとりと話しあい、自分の考えを丁寧《ていねい》に伝え続けた。強権的に「こうしろ」と頭ごなしに言うことはない。部下の意見にも真摯に耳を傾けた。

リーダーとしての「責任」について、及川さんはこう語っている。

「岐路に立つような決断をしなければならないときがありますよね。全員がハッピーにはならないかもしれない。何かをやめたり、大きく変えるときには、痛みを伴うこともある。痛みはみんな嫌じゃないですか（笑）。でも何かを決断しなきゃいけないときに、憎まれてでもいいからみんなをうながすのは、僕の役目だと思います。今のままでは、守りに入って、保守的なほうに行く可能性があると思うんです。僕は個人としては、アグレッシブに行ってほしいと思うんですよ」

そして、再び開かれた全体会議。及川さんは、あらためてメンバーからの質問にすべて答えたあと、普段どおりの口調でこう問うた。

「賛成してもらえますか?」

反対の声は出なかった。その代わりにメンバーから挙がったのは「やるなら、こんなふうにしたい」という具体的なアイデアだった。

及川さんには、仕事に向きあうとき大事にしている考え方がある。

「みんな世界を変えようと思ってるんですね。世界を変えるっていうことは、今までの仕組みを変えるということです。仕組みを変えることによって、新しい価値観を人々に提供することになりますから、プロジェクトの目的を明確にして、志を高くするっていうことが大事なんです。これがすなわち、実際に世界を変えていくことにつながると思うんです」

どんなに小さな一歩であっても、その積み重ねで世界は変わっていく。及川さんは、そう考えると楽しくて仕方がないという。そのポジティブな姿勢こそ、及川さんの秘めたエネルギーの源泉なのだろう。

啐《そっ》啄《たく》

小学校教師
菊池省三

不登校、学力低下、体罰。今、日本の教育は大きく揺れている。

いじめを苦に、子どもが自ら命を絶つという痛ましい出来事も後をたたない。二〇一二年に文部科学省が行った調査では、四月からの半年間で全国の小、中、高校、特別支援学校で認知された「いじめ」は一四万件を超えた。

そんななか、全国から注目を集める教師の一人が菊池省三さんだ。

公立小学校一筋三〇年、学級崩壊したクラスやいじめが横行する学校をいくつも立て直してきた。ディベートをとり入れた授業や、子どもたちどうしが互いにほめあう「ほめ言葉のシャワー」など、その個性的な学級経営術を学ぼうと、菊池さんの講演会には全国から教師たちが詰めかける。

教師だけではない。最近ではその講演会に、一般の人の参加も目立つようになっている。子育てに悩む母親、部下との接し方にヒントを求める会社員。菊池さんの育ての極意は、学校教育のみならず、一般社会でも役立つと注目されているのだ。

「育てのエキスパート」の菊池さんには、常に頭の片隅に置いている言葉がある。

啐啄《そったく》

これは、卵が孵化《ふか》するときの様子を表した言葉だという。

「啐」とは、雛鳥《ひなどり》が卵のなかから出ようと鳴く声。「啄」は、雛鳥を助けようと親鳥が外から卵を叩く音のこと。両者の息が合ってこそ、元気な雛がかえる。転じて、物事はタイミングが重要だという意味で用いられる。

菊池さんは、「啐啄」という言葉をこう捉えている。

「うまく卵がかえるかどうか、それは親鳥にかかっていると思います。必要なときに必要な力で叩く、その腕が試されているというふうに理解しています。教師は子どもを早く成長させたいばかりに焦って指導してしまいがちですが、子どものほうが準備できていなければうまくいかないんです。逆に、子どもが『伸びたい』というサインを出しているのに、教師が読み取れずに放置していると、いつまで経ってもダメですよね」

菊池さんが、この言葉を聞いたのは新米教師の頃だ。先輩から「教育で大事なのは啐啄だ」と言われたのだという。はじめて耳にする難しい言葉だったため、家に帰って辞書で意味を調べた。素敵な言葉だと感じた。以来、お気に入りの言葉になったという。

番組で取材した当時、菊池さんは福岡県北九州市の小倉中央小学校で六年生を担任していた。六年生といえば、あどけなさを残しながらも、話す内容や考え方は大人に近づいてくる年頃だ。そうなると難しくなるのが、クラスの人間関係だ。友達のことで悩む子が多くなる。

児童の一人、井上勢渚《せな》くんも人知れず壁にぶつかっていた。

井上くんは活発な子だ。休憩時間、撮影スタッフに「一緒に遊びませんか」と真っ先に声をかけてくれたのも井上くんだった。勉強もスポーツも得意で、目立つ存在。だが、負けず嫌いな性格で、周囲に対して威圧的な態度をとってしまうことがあった。そのため、クラスには井上くんに逆《さか》らえない空気が流れていた。

たとえば、彼が「サッカーをしよう」と言うと、野球をしたい子がいても反対を唱えることができない。些細《ささい》なことかもしれないが、こういう小さな積み重ねが、やがて人間関係に大きな溝《みぞ》を作ってしまうのだ。

事実、井上くんは日記にこんなことを書いていた。

「四年生のとき、(僕は)親分で周りはみんな手下のようでした。五年生のとき、先生から『あなたの周りはほんとうの友達かね?』と言われ、涙が出ました」

リーダー的存在の井上くんは、いつも人の輪のなかにいる。しかし、それは取り巻きであって友達とは言えない。井上くんは、クラスメイトとほんとうの友達になりたいと思っている。だが、どうすればいいのかわからないのだ。そう感じた菊池さんは、指導のタイミングを狙っていた。

五月のある日、ディベート授業で小さな事件が起きた。

井上くんは相手チームからの質問に答える役割だった。しかし、うまく答えられず、珍しく言葉に詰まった。井上くんは、思わず声を荒げ、強い口調で反撃しようとした。すかさず菊池さんが制し、井上くんもハッとした表情になった。

授業の終わりに、井上くんは反省の気持ちをノートに書いた。

「自分でも強く言いすぎないように頑張っています。だけど、今日みたいな反則行為が出ます」

普通に考えれば、本人も反省しているのだから、それで良いのではないかと思う。そっとしておいたほうが良いとさえ思ってしまう。

しかし、菊池さんの考えは真逆だった。

その日のホームルームで、菊池さんは大胆な行動に出た。クラス全員にこう話しかけた。

「みんな友達でしょ？　聞いてあげてください。井上勢渚くんは、すごく頑張り屋さんです。いま一生懸命に直していて、大きく大きく成長しようとしています。今日は（昔の）名《な》残《ごり》がちょっと出ました。でも、変わろうとしています。みんな応援してあげてください」

菊池さんは、卵をつつく「親鳥」の役割を担ったのだ。

こんなふうに皆の前で公言されては、もう威圧的な態度など取れない。同時に菊池さんは、クラスメイトの井上くんを見る目も変えた。今までは、どこか怖い存在だったかもしれない井上くんに対する垣根を取り払ったのだ。

子どもたちが帰ったあとの教室で、菊池さんが話してくれた。

「井上くんが変わるのは、今しかないんですよ。本人が変わりたいと思っているんだから、今がチャンスなんです。ここだ、と思ったら徹底的にやるんです。生半可《なまはんか》なことをやっていたんじゃ何も変わらないんです」

その日以来、井上くんは少しずつ変わっていった。

仲間を思いやる言動が増えていった。体育の時間、キックベースをしているとき、井上くんのチームは他の子の失敗で負けてしまった。以前なら、その子を責め立てていたかもしれない。しかし、井上くんは「ドンマイ！」と笑顔で気持ちを伝えた。

それから数週間後、井上くんが撮影スタッフに「いいものを見せてあげる」と話しかけてきた。それは一枚のプリクラだった。前日、クラスの仲間数人と遊びに行き、撮ったのだという。ランドセルの内側に貼っていることから、宝物になっていることがわかった。

「やっぱり友達は大事やけんね」と博多弁で言い、照れたように笑った井上くんは、ほんとうに嬉しそうだった。

菊池さんは言う。

「どの子も良くなりたい、成長したいって思っているんです。人をいじめたり、大人に反抗したり、どんなに絶望的に見える子でも、悪い子になりたいと思っている子なんて一人もいない。自分ではどうしようもないから、悪くなっているだけなんです。だから、子どもたちの『変わりたい、伸びたい』という気持ちを教師が読み取れるかどうかが勝負なんです。子どもたちが、その気持ちをちょっとでも出した瞬間が啐啄のタイミングですね」

二〇一三年三月、井上くんは元気に小学校を卒業していった。

卒業間際の日記帳には、菊池学級を一文字で表すと「生」だと記していた。

「(このクラスは)色々生み出されるからです。(中略)生まれてきたからには、果たさないといけないことがあります。人を尊重し、当たり前のことを当たり前にすることです。これまでのことを、これからも〝生かし〟ます。生まれるということは簡単でとても難しいことだと思いました」

「啐啄」によって生み出された雛は、一年間で大きく成長を遂げた。

菊池さんは、二〇一三年の春から新しく五年生を担任している。「啐啄」の言葉を胸に、今日も子どもたちの心の声に耳を澄ましている。

練習は本気、本番は遊び

投手コーチ

佐藤義則

アメリカ・メジャーリーグで、日本中の期待を背負い活躍を続けるダルビッシュ有投手。名実ともに日本球界を代表するエースとなった田中将大投手。日本が生んだ二人の若きエースが恩師と仰《あお》ぐのが、佐藤義則さん。東北楽天ゴールデンイーグルスの投手コーチである。

現役時代は新人王や最多勝、最優秀防御率などのタイトルを獲得。四〇歳のときには当時の現役最年長記録でノーヒットノーランを達成するなど輝かしい経歴を持つ。

その実績を買われ引退後に投手コーチとなった佐藤さん。四つの球団を渡り歩き、圧倒的な結果を残している。阪神のエース・井川慶投手、日本ハムの守護神・武田久投手を育成。技巧派を自任していた新人時代のダルビッシュ有投手を、投球フォームの改造によって時速一五〇キロ台の速球派投手のエースに育て上げたのも佐藤さんだ。

徹底した走りこみと投げこみを求める佐藤さんの指導は厳しいものだった。ダルビッシュ投手は当時のインタビューで「きつい練習をされたらコーチと言えど腹が立つこともあるが、佐藤コーチに対してはそれがない」と、独特の言い回しで信頼の気持ちを述べている。

その後、楽天の投手コーチとなった佐藤さんは、マー君こと田中将大投手を指導することになる。一〇年先、一五年先を見据えたうえで、故障せずに続けられる身体に負担の少ない下半身主導のフォームを指導。その結果、田中投手のピッチングは安定感を増し、入団五年目には沢村賞を獲得。日本を代表するエースへと成長した。田中投手もまたインタビューで「今の自分があるのは佐藤さんのおかげだと思っています」と語っている。

番組の取材を行ったのは二〇一二年のシーズン。沖縄、久米島でのキャンプは、ちょうど紅白戦の時期だった。三一人の投手（二〇一二年二月当時）のうち一軍に残れるのはわずか一二人。厳しい生き残りの闘いが始まっていた。

「二軍に行くか一軍に残れるか。バッターに当ててもいいくらいの気持ちで攻めていけ、自分のためだからな」佐藤さんの厳しい言葉が投手陣に飛ぶ。

佐藤さんは、二人の若手の力を見極めようとしていた。

一人は当時三年目の戸村健次投手、ドラフト一位の期待の男。昨年は一軍で先発も経験したが、まだ一勝もあげていなかった。

そして、もう一人は高堀和也投手。戸村投手と同じ年にドラフト4位で入団するも、一軍での先発経験はゼロ。一軍に残れるか、二人は当落線上だ。

キャンプでは、二人の調子は悪くなかった。戸村投手は、一四〇キロを超えるスピードで球威のある球を投げる。高堀投手は、良くコントロールされた制球力を自分のものにしていた。

佐藤さんは二人を紅白戦で起用した。だが、二人ともバッターに打ちこまれ、期待とは程遠い出来に終わった。

「0点だ。厳しく言えば、一軍には使える者しかいらない、ってことだ」

怒気をはらんだ口調で、佐藤さんは答えた。

その後、佐藤さんは当落線上の若手を集め特訓を行った。試合で力を出しきれない戸村投手と高堀投手もそのなかにいた。キャンプ終盤、疲労がピークに達していることを承知で、あえて連続して投げさせる。選手の背後で投球の一挙手一投足をチェックし、「今のは違うな」「よし、いいぞ」と短い言葉で指導を続けた。

佐藤さんには、伝えたいことがあった。

練習は本気、本番は遊び

「ブルペン（投球練習場）のボールを本番でも投げてほしい。常にそう思っているから、ブルペンでは一生懸命やる。ここで一二〇％でやって、本番では八〇％しか出せないわけだから。だったらここで本気でやれって教えてる。

ブルペンではゲーム（本番）のつもりでしっかり練習する。ゲームに行ったら、遊びのつもりで投げるくらいリラックスして投げてほしい」

佐藤さんが最も大切にする主戦場は、投手がキャッチャーを相手に本格的な投球練習を行うブルペンだ。ブルペンへの佐藤さんのこだわりは、どこから生まれたのだろうか。

じつは佐藤さんも現役時代、苦しんだ時期があった。阪急ブレーブスに入団して四年目、武器だった速球のコントロールが悪く、打たれる日々が続いた。当時の監督は梶本隆夫さん。打たれても打たれても、監督は佐藤さんを先発で使い続けた。だがシーズン成績、四勝一三敗。チームは五位に転落し、梶本さんはコーチに降格された。

シーズンが終わったある日、佐藤さんに梶本さんから一本の電話が入った。

「もう一度、やり直そう」

コーチと投手、二人三脚の練習が始まった。制球力をつけるためフォームを改造する。梶本さんは佐藤さんの傍《かたわ》らにずっと立ち続け、一球投げるたびに、良いか悪いか、はっきりと伝えた。休みもとらず、来る日も来る日も全力で投げこむ。二〇〇球以上投げる日もあった。

そして一ヶ月が過ぎた頃、梶本さんは言った。「これなら一五勝できる」

しかし、佐藤さんは実感が湧かなかった。ほんとうに自分は変われたのか。

その後、再びマウンドに立った佐藤さんは気づいた。理想のフォームが身体に染みついている。じつにリラックスして投げられるのだ。制球力が上がり、持ち前の速球にも磨きがかかっていた。以降、佐藤さんは最多勝や、最優秀防御率を獲得。当時の最年長記録でノーヒットノーランも達成、球史にその名を刻んだ。

佐藤さんは言う。「梶本さんに教えてもらった一ヶ月は、自分の野球人生の財産。それがあるから今、コーチとして選手に教えられるんです」

二〇一二年の楽天のキャンプ。

猛特訓を終えた若手の二人、戸村投手と高堀投手。その後、戸村投手は西武ライオンズとの練習試合で六回まで無失点の好投を見せ、紅白戦での汚名を返上。佐藤さんも強打者のそろう西武打線を押さえたことを評価した。

しかし、高堀投手はなかなか結果が出せない。紅白戦では佐藤さんの指示どおり、積極的に内角の難しいコースを攻めるが、甘い球を打ちこまれた。

開幕三日前。佐藤さんは、最終的な判断を下した。グラウンドに一軍選手だけが集められる。戸村投手の姿はあった。だが、高堀投手の姿はなかった。

プロの厳しい現実。佐藤さんは、こう言いきった。

「みんなのことを大事にするのは、昨日で終わりだから。これからは、今の（一軍の）一二人でどうやって闘っていくかしか、考えていないよ」

その後、戸村投手は開幕五戦目の対ソフトバンク戦で、先発で登板。五回を一失点で抑え、みごとプロ初勝利を飾った。

一方、高堀投手は二軍での練習を続けた。高堀投手はある日の練習後、悔しさをにじませながらも力強く語ってくれた。

「いいものを常に出していければ可能性はあると思ったので、しっかりやっていこうと思います。佐藤さんの期待に応えたいと思います」

もう一度佐藤さんの前で投げる。高堀投手の思いは通じた。シーズン後半の九月、高堀投手は一軍に初登板、同月には初勝利もおさめる。さらにその後、三勝を重ねる躍進《やくしん》を果たした。

佐藤さんのもとから、また新たな才能が生まれ始めている。

何ができるかより、ほんとうにやりたいことは何か

転職エージェント
森本千賀子

どんな仕事が自分には向いているのか？

だれでも一度は抱く悩みではないだろうか。

これから仕事に就《つ》く学生にとっても、一つの仕事を選んだ社会人も、もしかすると一〇年二〇年と仕事に就いているベテランだって、〝ほんとうは違う仕事があったかも〟という思いが心をよぎることはあるかもしれない。

新入社員の三割が入社から三年以内に辞めていると言われる今、身近な選択肢となりつつある〝転職〟。その転職業界で熱い注目を集めているのが、転職エージェント・森本千賀子さんだ。

顧客には錚々《そうそう》たるトップ企業や名だたるビジネスパーソンが名を連ね、これまで転職を

仲介したケースは二〇〇〇件以上。ベンチャー企業の飛躍を支える人材や、大手通信会社の新規事業への参入を支える人材など、多彩な人たちの転職を成功させてきた。

森本さんへの信頼の源泉は、なんといっても会社と人材の相性《あいしょう》を見極めるその眼力にある。即戦力を求める求人企業と、ステップアップを図りたい求職者、そのどちらもが納得し、満足できる仲介を重ねてきたからこそ、彼女にはエージェントとしての依頼が相次ぐ。

いったいどうやって森本さんは、そのマッチングを行っているのか？　どのように、企業と人材の相性を見極めているのだろうか？

相性を見極めるうえで、森本さんには、大事にしていることがある。

何ができるかより、ほんとうにやりたいことは何か

一般的にはマッチングを行ううえで判断材料になるのは「何ができるか」だ。候補者の過去の仕事の実績から、できること、つまり能力を推測し、該当するポストに見合うかどうかを判断する。

しかし森本さんは、過去の仕事の実績を見たうえで、さらにその奥を読み取ろうとする。

なぜその仕事に就いたのか、何を実現したくてその仕事をしたのか、その仕事で何に喜び、どんな思いを抱いてきたか。そして人生において、何を最も大切に考えているか？経歴の裏にある仕事への志を、徹底的な聞き取りのなかから読み取っていく。注意深く「やりたいこと」の核心を探る。なぜなら「ほんとうにやりたいこと」に出会ったとき、候補者の「出来ること＝能力」じたいが進化する可能性があるからだ。

「やりたいこと、こうありたい、ということに向きあったとき、一番その人の潜在能力が湧き出てくる。ある意味、その人自身の価値が最大化される時だと思っています」

その信念があるからこそ、候補者の将来を過去のたんなる延長線上に見ず、大胆な提案を生み出していくことができるのだ。

番組の取材中、一つの面接を撮影することができた。

転職を希望する男性は、あるベンチャー企業の副社長を務めており、そのキャリアを生かして、経営に関する仕事を新たに探していた。その男性に森本さんが尋ねたのは、次のようなことだった。

「どういう瞬間が楽しかったですか、どんな仕事でワクワクしましたか？」

「何か将来はこうしたいとか、ゴールってあるんですか？」

質問を繰り返すうちに、男性は、ベンチャー企業を経営するなかでも、とくに草創期の立ち上げで、「仲間と共に作ってきたものが形になったときが一番うれしかった」と答えた。

それが選択のカギとなった。

森本さんが男性に提案したのは、希望していた経営職ではなく、大手企業の営業マネジメントの仕事だった。営業のメンバーのロールモデルとなって率先垂範《そっせんすいはん》で売り上げのアップを目指すチームそのものを作ること。意外な提案に思えたが、男性は目を輝かせてぜひ話を聞きたいと言った。

「自分のなかでも自分の価値や将来など、ぼんやりしていたが、自分一人ではとうてい出せない答えが出た」と男性は面接後に語ってくれた。

当事者同士では起こりえなかった出会いが、たしかに生まれた瞬間だった。

「ほんとうにやりたいこと」に森本さんがこだわるのは、自分自身の経験からその大切さを痛感してきたからだ。二児の母として、妻として、家庭も切り盛りする森本さんは、二度の流産も経験している。妊娠中も追われるように働き続けた苦い経験がそこにはある。

「ほんとうに脇目もふらず一心不乱に、相当ハードな仕事をしてしまったからなのかな……、そうやって自分を責めたんですよね。仕事をしていた自分を否定してしまったというか、ほんとうにこの生き方で正しかったのか……、そんなことも考えましたね」

一週間自宅に籠《こ》もった。ふと気がつくと泣いていた。その時間は、近い目標に向かって走り続けてきた森本さんにとって、人生を見つめ直す貴重な転機だった。

会社と自分の人生の境界線をどこに引くのか、転職を支援する仕事とは何なのか、そもそもなぜ自分は仕事をしているのか？　頭のなかでさまざまな問いを巡《めぐ》らせているうちに気づいた。

「私の人生のミッションは、出会うすべての人が私との時間を通して前向きな気持ちになったり、チャレンジしようと勇気を持ったりしてもらえること。人は人とふれあうなかで気づきをもたらされたり、元気になったり、癒《いや》されたり、勇気をもらったりする。私との縁を通じて悩みから解放され、最高の笑顔と身震いするほどの感動を感じてもらえたら何よりもうれしい……」

子どもたちや夫、家族が幸せを感じてくれるための努力は厭《いと》わない。そして同じように、転職支援という仕事も、企業やビジネスパーソンに喜んでもらえることが何よりうれしくて頑張ってきた。そうだとすれば、自分にとってほんとうにやりたいこと、そして生きたい人生は、この道で間違いないと思えてきたという。だからこそ、仕事の方向性を探り、時に悩む人たちを支える持続的なモチベーションが確立できた。職場に復帰した森本さんは、肩の力を少しだけ抜きながら、しかしそれまで以上のキャリアを積み重ねている。

「しっかり自分の足で立って走って、きちんと貢献していくことが、その会社の成長につながる」

会社のために何ができるかという視点ではなく、その人が喜びとする仕事を続けることで、結果として会社を飛躍させる。森本さんは、そんな企業と人との化学反応を今も模索し続けている。

仕事は積み木、毎日毎日積み上げていく

数寄屋大工

齋藤光義

数寄屋《すきや》建築は、職人の手仕事の結晶と言われる。

千利休が大成した「茶の湯の文化」と密接な関係を持つ数寄屋は、シンプルで洗練された美しさを特徴とする。派手な飾りは必要とされない。代わりに求められるのは、精緻《せいち》な計算と繊細な手仕事だ。「わび」や「さび」といった日本の美意識にもつながっている。

「なぶっても（仕事をしても）なぶってないかのように、しゃきっと仕上げるといいますかね、作業を行った形跡は見せたくない、それが大事なことや思いますけどね」

そう語るのが、当代きっての棟梁《とうりょう》・齋藤光義さんだ。

京都で三〇〇年以上続く名門の工務店に勤め、三〇人以上の職人を束ねる棟梁。海外からの賓客《ひんきゃく》をもてなす京都迎賓館《げいひんかん》の建築や、数々の名建築の修復にたずさわってきた。

その仕事はこだわりに満ちている。柱を選ぶときは、北山杉《きたやますぎ》を扱う材木店で二〇〇本以上の木を吟味する。木の年輪や表面のくぼみ、わずかな曲がり具合を眼光鋭く、一本一本見つめる。どこに使えば心地良い空間が生まれるのか、木の個性を読んで考え抜く。その真剣さ、読みの深さにこそ、齋藤さんの真骨頂がある。

だが、その齋藤さん。現場では若手にきわめて優しい。冗談も飛ばすし、笑顔も絶やさない。若手に大事な仕事を任せるときも、なるべく口を挟《はさ》まず、彼らが自分で正しいことを見つけるまで我慢強くじっと待つ。ふらっと現れては、だめ出しをして、またじっと待つ。

そんな齋藤さんに、人はどうやって伸びていくのかと聞くと、こう答えた。

仕事は積み木、毎日毎日積み上げていく

「大工仕事も積み木みたいなものですからね。毎日毎日積み上げていくと。大工っていうと、やんちゃでワガママで、という世間のイメージがありますよね。でも、やはりまじめさですよね。積み上げた結果が出てくる仕事ですから、急激に伸びるのは無理なんです」

その言葉には、齋藤さん自身の経験が色濃くにじんでいる。

齋藤さんは小さい頃からスポーツ万能、利発な子どもだった。中学時代は野球部のエース。だが高校一年生のとき体調を崩し、負担のかかる運動は避けたほうが良いと勧められた。

自暴自棄《じぼうじき》になった齋藤さんは高校を中退、アルバイトを転々とした。当時のアルバムのなかに、こんな走り書きをしている。

「自分が人間でないような嫌な年だ。何をしてもだめ、気が狂いそう」

二二歳のとき、母の勧めで安井杢《もく》工務店に入社する。なんとなく入ったという齋藤さんだが、そこで数寄屋建築の仕事に出会い、その魅力に惹《ひ》かれていった。

「この仕事なら、自分という存在の確かな証が残せる」そう思ったという。

齋藤さんはその後、三五歳の若さで現場を仕切る「職長」という立場に抜擢された。そして、一〇〇坪を超える数寄屋造りの新築の仕事を任された。

設計は、数寄屋建築を代表する設計士として高名な中村昌生さんだった。雲の上のような人と仕事ができると、齋藤さんの心は躍《おど》った。万が一にも間違いがあってはならない。

懸命に、慎重に作業を進めた。

ところが、上棟式《じょうとうしき》のあと、思いも寄らない言葉を投げかけられた。

「この部屋のすべての柱を、取り替えることができないでしょうか」

柱を、設計よりわずかに丸みを帯びたものに変えるという。

「設計図どおりに組んだのに、何がいけなかったのか」

齋藤さんは、自分の仕事を否定された思いがした。怒りがこみ上げ、荒れた。周りの人になだめられ、ようやく仕事に復帰。なんとか半年後、完成にこぎ着けた。

あらためて部屋のたたずまいを見直すと、驚きの念が沸《わ》き上がってきた。

部屋の雰囲気は一変、何ともいえない心地良い空間となっていた。その雰囲気を醸《かも》し出しているのは、まぎれもなくあの丸い柱だった。

ものづくりの真髄《しんずい》を見た思いがした。設計を途中で変え、手間が増えるのも承知で、さらに良いものを追求し続ける中村さんの姿勢。

その後、齋藤さんは積極的に中村さんの仕事に多く関わるようになった。仕事をするたび、中村さんから、さまざまな注文がついた。

「柱の太さを設計図よりも、数ミリ太くしてみてはどうか」

「木目の美しさを引き出すため、表面をごくわずか削ってみてはどうか」

齋藤さんは、必死に中村さんに食らいついた。ひりひりするような大変さも味わった。だが仕事のたび、奥深い数寄屋の世界に、引きこまれていった。

気づけば、木を選ぶために一日中、材木店に張りつき、ちょっとした木の加工にも細心の注意を払うようになっていた。まさに「積み木」のように、日々の仕事に向きあうことで、齋藤さんはキャリアを重ねていった。

今、齋藤さんが若者たちに優しく接するのには理由がある。それは、萎縮《いしゅく》せずに少しでも多くの経験という「積み木」を重ねて、妥協することなくさらに良いものを追求してほしいと願うからだ。

「私の若いときなんか、自分の仕事のことだけしか考えず、まったく周りが見えていませんでした。だから、今の人には少しでも早く任せたいのですよ。たとえば、一度でも〝墨付け〟(材木を刻むための印をつけること)をすれば、他の人が〝墨付け〟をした気持ちがわかる。だから、うまく刻めるようになる。手を縮《ちぢ》こませることなく、若い人にはどんどんやっていってほしいんです」

今、齋藤さんは、だれもが認める数寄屋大工の第一人者となった。だが、〝師匠〟の中村さんに会うと、背筋が伸びる思いがするという。

番組の取材中、ある建物の竣工式《しゅんこうしき》で、齋藤さんと中村さんの二人が並んで出席しているのに出会った。八四歳、現役で仕事を続けている中村さんに、齋藤さんについて聞いてみた。

中村さんは穏やかな口調でこう答えた。

「三〇代、四〇代、そして六〇代、急速に円熟してこられたなと思います。ただ場数を踏んできたからといって、技術が円熟するというものではありません。やはり、その打ちこみ方次第ですね」

その横で、齋藤さんは、はにかんだような笑みを浮かべていた。

VI

逆境のなかで希望をつなぐ、5つの言葉

海を恨んではいない、海は必ず戻ってくる

カキ養殖

畠山重篤

東日本大震災から三ヶ月後、海の男は、山に向かい木を植え始めた。大きなわし鼻に長い白髪、まるで仙人のような風貌には、長い間潮風に吹かれ続けてきた、深い皺《しわ》が刻まれている。畠山重篤さん。地元で「カキじいさん」と呼ばれ、市長よりも有名なカキ養殖のプロフェッショナルだ。タクシーで畠山さんの養殖場と言えば、迷うことはまずない。

畠山さんは「森は海の恋人」運動の創始者だ。今では小中、高校の教科書にも載っているこの活動を、畠山さんは二五年前に始めた。カキを育てる海の栄養素は、じつは流れこむ川の環境と、つまり流域の森の環境と深い関係がある。腐葉土《ふようど》に含まれる森の栄養素が川を通って海に流れこみ、カキの餌《えさ》になる植物プランクトンを育む。畠山さんはそのこと

を解き明かし、これまで一〇万本以上の木々を上流の山に植え続けてきた。

まさに、畠山さんのカキは森の恵みに育てられた。腐葉土の栄養素がたっぷり溶けこんだ舞根湾《もうねわん》の海水。植物プランクトンを食べて育つカキは大ぶりでつやのある乳白色。ミネラルを多く含みうまみが強いと、シーズンには全国から注文が殺到する。

だが二〇一一年三月一一日、その海が突如、牙《きば》をむいた。

かつて感じたことのない大きな揺れ。その三〇分後、黒く盛り上がった海面が畠山さんの舞根集落を襲った。水の塊《かたまり》は、沢沿いに寄せあうように建っていた家々を飲みこんだ。五三世帯中、その九割が海底に沈んだ。畠山さんの自宅は、海を見下ろす高台にあったため難を免《まぬが》れたが、出荷間際の三年物をはじめ、一〇〇万個のカキすべてが津波にさらわれた。五艘《そう》の船や養殖筏《いかだ》、安心して生カキを食べてもらえるようにと整えたカキ処理場もすべて失った。被害総額は二億円を超えた。

何よりも、ずっと心の支えになってきた母の小雪さんが、津波にのまれ亡くなった。母の遺体と対面できたのは、二日後のことだった。「冷たい目にあわせてしまってごめんね、ごめんね」と何度もあやまった。

すべてを失い、集落の人たちの多くが、養殖をやめようとしていた。

そうしたなかで畠山さんは、みなを集めて言った。

「意地でも養殖を復活させようと思っています。山には木がある、それで養殖用の筏をまた作ればいい」

そしてその言葉のとおり、畠山さんは裏山の木を切り出して養殖用の筏を作り始めた。静かに雨が降るなかで、ひたすら釘《くぎ》を打つ音だけが響く。ふと海面をのぞきこんだ畠山さんは、少しずつ生えてきた藻《も》のなかに、タケノフシ（キヌバリ）の稚魚を見つけた。そして、子どものような笑顔を見せ、こう言った。

海を恨んではいない、海は必ず戻ってくる

それは、けっして根拠のない言葉ではなかった。

一つは、五三年前に起こったチリ地震津波。津波の影響で海底の泥が巻き上げられ、泥のなかに沈んでいた栄養素が海中へと溶け出した。その結果、津波の翌年、湾は例年にない豊漁に沸《わ》き、養殖のカキは通常の倍近い速さで大きくなったことを父から聞いていたのだ。

もう一つが、自身がこれまで携わってきた「森は海の恋人」運動だった。

一九六〇年代半ばから、気仙沼の海では頻繁に赤潮《あかしお》が発生するようになった。そして、その影響は、気仙沼湾と湾続きの舞根でも現れ始めた。

ある日、畠山さんが出荷したカキがすべて送り返されてきた。理由は明白だった。濃い乳白色が特徴のカキが、血のように赤く染まっていたのだ。

「血ガキ」。市場ではそう呼ばれ、売り物にはならなかった。カキは育てるのに三年かかる。手塩にかけて育てても、赤潮が発生するたびに血ガキが増えていった。朝の三時から深夜の〇時まで、夫婦で必死に働いたが利益が出なかった。同業者の多くがカキ養殖をやめていった。

「もうカキ養殖は無理かもしれない」畠山さんもそう思った。

だがある日、海から舞根湾を見たときのこと。湾に注ぎこむ川の上流に室根山《むろねさん》がそびえるのを見た。海で働く者にとって、それは陸の方向を指し示す大切な山だった。

畠山さんは大切なことに気づいた。

「海と森はつながっている」と。

海を育むのは、その背後にある山や森なのではないか。そう思った畠山さんは一人、自分の足で川沿いをさかのぼり、山まで歩いてみた。上流には、開発で伐採《ばっさい》されたはげ山が広がっていた。

「カキには人の営みが反映されている」。畠山さんは、役場にかけあい、山に木を植える取り組みを始めた。「漁師が山へ行ってどうする」とあきれられたこともあった。そのたびに、自分が木を植える意味を根気強く説いて回った。

一年が経ち、二年が経った。

「馬鹿なことを」と陰口を叩かれていることも知っていたが、自分の信じることを貫いた。すると、次第に「苗木の植え方はこうするんだ」と、山の麓《ふもと》にある室根の人たちが声をかけてくれるようになった。少しずつ、川の流域に暮らす人たちも一緒に山に来てくれるようになった。

ちょうどその頃、偶然にも、北海道大学の松永勝彦教授（当時）がある研究を発表していた。山の腐葉土から流れ出る「フルボ酸鉄」が川を通って海に運ばれることで、植物プランクトンの大切な栄養素になるという。

畠山さんの取り組みに、科学的な裏づけが加わったのだ。

木を植え始めてから一〇年が経った夏の夕暮れ。畠山さんは舞根湾にシラスウナギが戻ってくるのを見た。姿を消してから、じつに一八年ぶりのことだった。

やがて、カキはかつてのような乳白色を取り戻した。

「海を恨んではいない、海は必ず戻ってくる」。この言葉は、カキ養殖に人生を捧げた畠山さんの実感そのものなのだ。

「カキってね、内臓ごと食わなきゃいけないんですよ。だからもし人間が水を汚してしまうと、カキももちろん汚れるし、カキの味にも影響があるわけじゃないですか。だから、カキのうまさというのは、川の流域の自然はもちろん、人間の気持ちというか、そういうものを統合したものが、カキなんです」

震災から四ヶ月後の二〇一一年七月。うれしいことがわかった。津波で流されていたと思っていたカキの稚貝《ちがい》が、石巻の万石浦《まんごくうら》の奥に残っていたのだ。畠山さんは、それを育てることにした。

だが、時を同じくして、畠山さんは震災後の無理が重なり、病《やまい》に倒れた。仕事の多くは長男の哲さんに任せざるをえなくなった。

畠山さんの思いを、哲さんはしっかりと受け止めた。病の父の代わりに、哲さんは海の再生を信じて、仕事にうちこんだ。

二〇一一年の一一月、震災後初出荷のときがきた。畠山さん親子は一緒にカキの出来を確かめた。カキは畠山さんが予想したように、通常の倍以上のスピードで育っていた。

朝焼けのなか、一年半ぶりに口にするカキの味。

「舞根の海の味がする。大丈夫だ」

ほおばった畠山さんの顔に満面の笑みがこぼれた。

初出荷のあと、ゆれる筏の上で踏ん張りながら、カキについたザラボヤや海草などの付着物を丁寧にとっていく哲さん。湾に帰る船の上、父と同じ言葉を口にしていた。

「海を恨んではいない、海は必ず戻ってきますから」

二〇一二年二月、畠山さんは国連が表彰する国際的な賞である「森の英雄」賞（フォレストヒーロー賞）を受賞した。

森林保全に尽力してきた人に対して贈られる賞。海の男が受賞するのははじめてのことだ。ニューヨークの国連本部、授賞式の壇上に立った畠山さんは言った。

「私たちは絶望の淵に立たされました。しかし一ヶ月ほどで、海に魚たちが戻ってきました。なぜかと言いますと、海に流れこんでいる川と背景の森林が、しっかりしていたからです」

山に向かい、木を植える畠山さん。あるとき、教えてくれたことがある。「腐葉土」の語源はラテン語の「フームス」だと。「フームス」とは英語で言うところの「ヒューマニズム」の語源だ。「次の世代に何を残せるのかを考えてきた。できれば多くの命を支える腐葉土のようになれたらいいですよね」と笑った。

お前に何ができんのよ？

商社マン
片野裕

「サラリーマンだし、どうせ自分にできることなんて……」

世の中、そう思いがち。でも、何があっても簡単にはくじけない、とことんあきらめの悪いサラリーマンだっている。

巨漢の商社マン・片野裕さん。大手総合商社で一三人の部下を束ねる課長だ。体重は一二三キロ。大きな体を揺らし、大粒の汗をかきながら、生き馬の目を抜く熾烈《しれつ》なビジネスの世界を渡り歩いてきた。

片野さんが扱うのは、日本の産業の「生命線」と言われる、レアアースやリチウムといった貴重な鉱物資源だ。

レアアースやリチウムは、電気自動車のバッテリー、デジタルカメラのレンズ、太陽光発電の蓄電池など、ものづくりの分野に欠かすことができない。

しかし、これらの資源は日本ではほとんどとれず、ほぼ一〇〇％海外からの輸入に依存している。片野さんの仕事は、国内の企業から依頼を受け、海外企業と交渉して資源を調達する、いわば仲介役。片野さんが率いるチームは、レアアースとリチウムの取扱量で日本ナンバーワンと言われている。

片野さんたちの手腕が大きなニュースになったこともあった。

二〇一〇年、尖閣《せんかく》諸島沖で起きた中国漁船と海上保安庁巡視船との衝突事件。当時、世界のレアアースの生産の九〇％以上を中国が独占していた。日本もその大部分を中国に依存していたが、衝突事件を境に状況が悪化。二ヶ月にわたって、事実上日本への輸出がストップする異常な事態になった。

この危機のなか、片野さんたちはオーストラリアで開発中の鉱山に目をつけた。鉱山の開発話は世界中に転がっているが、じつはほんとうに有力な鉱山というのはごくわずかと言われている。片野さんは長年築き上げてきた独自の情報網を駆使し、オーストラリアの鉱山の将来性を確認。事件発生からわずか二ヶ月足らずという異例のスピードで、日本の需要の三割をまかなう超巨大プロジェクトをまとめ上げた。

そんな片野さんが大事にしている言葉は、少し意外な自分への問いかけだった。

お前に何ができんのよ？

商社マンは何かを直接生み出す仕事ではない。一方で、材料や資源を提供する側がいて、もう一方で、それを必要とする企業がいる。それをつなぐことで、商社は利益を得る。

片野さんは、いつもこう考える。

「『お前に何ができんのよ』って常に問いかけますね。この商売って、僕らいていいのかな、ファンクション（役割）あるのかなって、常に自問自答しているんです。難しいんですけど、やっぱり社会に貢献できることだと思うんですよね。僕ら商社がいてこそみんながハッピーになれるって信じているんです。サプライヤー（供給者）もそうだし、バイヤー（買い手）もそう。もちろん僕らも儲けなきゃいけないし、というなかで、みんながハッピーになれる方法ってあると思うんですよね。そこを求めていかなくちゃいけない」

この言葉が生まれた背景には、二〇代の頃の苦い記憶がある。

片野さんは昭和四一年、大分県で生まれた。父親を早くに亡くし、けっして裕福とは言えない暮らしのなかで育った。奨学金で大学に進学、「給料をもらって海外に行けるのは最高だ」と気楽な思いで商社に就職した。

念願の海外に行くチャンスがめぐってきたのは、入社半年後。ホテルや料亭などの床に使われる石材をインドネシアから買いつける仕事を任された。喜び勇んで向かったインドネシアだが、そこで見た現実に片野さんは打ちのめされた。

採石場のある村の人々は、想像以上の貧困にあえいでいた。子どもたちは学校にも通えない。石の切り立つ採石場では、靴すら履《は》いていない子どももいた。片野さんはショックを受けると同時に、自分の仕事に大きな疑問を抱いた。

「これでほんとうにいいのかなってすごく感じましたね。対価としてお金を払って、そこから石材を持ってきているわけですけど、ほんとうにそれだけでいいの？　とかですね。いろんなことをそのとき考えさせられました」

商社マンという仕事は、ものを右から左へと動かすだけ。あの子どもたちのために自分は何一つできやしないじゃないか……。インドネシアから帰国後、片野さんは無力感にうちひしがれ、ふさぎこむ日々が続いた。出社するのがつらく、当時つきあっていた女性に

「仕事を辞めたい」と何度もこぼした。

そんなある日、片野さんは知人に相談を持ちかけた。

「もうこんな仕事イヤになりました。辞めます」

すると知人は諭《さと》すように答えた。

「片野君、自分をだましたら駄目だよ」

片野さんは、最初その言葉の意味がわからなかった。しかし、何度も言葉を心のなかで繰り返すうちに、その真意に気づいた。

「そうだよな、と。自分で自分に嘘をついちゃうと、あとで立ち直れない。あとで振り返ったときに、すごく後悔するだろうと思って、その方の言葉が心に染みてきたんですね」

サラリーマンの自分にはどうせできることはないと思いこんでいた。しかし、それは自分をだまし、偽っているだけにすぎないのではないか。

一つの言葉が、怒りのように胸にわき上がってきた。

お前に何ができんのよ？

「やっぱり人間って弱いじゃないですか。だから逃げようとするんですよね。逃げようとする自分と、逃げるなという自分が、すごく闘うわけですよ、自分のなかで。そんなときに、『自分をだますなよ』って言われて、やっぱり悩むべきなんだと思った。とことん悩めというのが、すごいクリアになりました。そうだ、やらなきゃいけないよねって思ったら、『じゃあ、お前に、自分に何ができんのよ?』という、すごく前向きなドライブがかかりました」

片野さんは、猛然と動き出した。

まず、インドネシア側に安易な値下げは要求せず、相場に見合った価格を見極め、取引をまとめた。そして、電話帳を開くと片っ端から電話をかけ始めた。相手は、日本全国の石材業者。石材が売れれば売れるほど、あの子どもたちのもとにもお金が届くはずだと思った。会ってくれると言われれば石のサンプルをカバンに詰めこみ、全国をかけ回った。

石材ビジネスを始めて三年が経った頃、うれしい話を聞いた。

採石場にいた子どもたちが自転車で、学校に通い始めたという。片野さんは、今までにない達成感を味わった。

「苦労して良かったなとしみじみ思ったんです。それがほんとうにやみつきになって……。商社っていいよなっていうふうに思えたんです」

片野さんには今も大切にしている一枚の写真がある。

それは、インドネシアの採石場にいた子どもたちの写真だ。困難な交渉に臨むとき、もう駄目だとめげそうになるとき、この写真がお守りとなって逆境を乗り越えてこられたと、片野さんは言う。

一人のサラリーマンにできることは、たしかに小さなことなのかもしれない。

それでも、「お前に何ができんのよ?」と問い続け、できることをがむしゃらにやり抜く。日本のものづくりを陰で支えるサラリーマンとして、揺るぎのない信念が片野さんを突き動かしている。

ひとり勝ちに、未来はない

糀屋女将
浅利妙峰

数あるブームが世間を賑《にぎ》わし、そして消え去っていく。

そんななかで、爆発的なブームのあとも、広く家庭で使われている「塩こうじ」。

こうじに塩を足し、水を加えただけのシンプルな調味料だが、どんな食材にも合わせやすく、素材のうまみが引き出され、しかも体にも優しいと愛用者は多い。

この「塩こうじ」、じつは江戸時代の文献にも記述のある伝統的な調味料。リバイバルのきっかけを作ったのは、九州・大分にあるこうじ屋の女将《おかみ》、浅利妙峰《みょうほう》さんだ。

妙峰さんはいつも夫・真願さんと仲良く連れ添って現れる。丸顔に人なつっこい笑顔をたたえる妙峰さんは、どこに行っても人気者。塩こうじを使った料理教室は全国で開かれ、出版した料理本は六冊を数える。イタリアやアメリカなど海外にも作務衣《さむえ》姿で出向いては積極的にＰＲ（妙峰さんはガールスカウト出身で英語も得意なのだ）。とにかくエネルギッシュなスーパーウーマンだ。

そもそも「こうじ」とは、米や大豆などの穀物に菌《きん》を植えつけ育てたもの。その歴史は一〇〇〇年を超える。味噌に醬油、みりん、日本酒の原料として、日本人の食生活に欠かせないものとされてきた。昔はどの家庭も味噌や甘酒を自前で作っていたため、全国各地に「こうじ屋」があり、繁盛してきたのだという。

大分県佐伯《さいき》市にある浅利さんの実家も、そういった店の一つだ。今は忙しく、店にいる時間は少なくなったというが、妙峰さんは女将として店先に出て、接客を行っている。そして店の奥では、今も伝統的な方法で「こうじ」が作られている。

「こうじ作り」の中心は、父・幸一さんと次男・良得さんだ。

蒸《む》した米を作業台の上に広げ、それにこすりつけるように「こうじ菌」を加えていく。そして、「こうじ室《むろ》」と呼ばれる部屋に移し、菌を発酵させる。江戸時代の創業以来使っているという土壁の小部屋には、長年住み着いているさまざまな発酵菌がいる。湿度九〇％の状態で密閉すると、それらの菌も加わり、質の良いこうじができるという。完成まで四日がかり、体力勝負の作業だ。

ブーム以降、妙峰さんの店は全国から注文が殺到し、生産が追いつかない状況だという。いわゆる「うれしい悲鳴」なのだが、妙峰さんがしきりに口にする言葉がある。

ひとり勝ちに、未来はない

この言葉は、妙峰さんの波乱の半生と密接に絡んでいる。じつは、ほんの一〇年前までは店をたたむことを真剣に考えていたという。

妙峰さんは、江戸時代から三〇〇年以上続く老舗の跡取り娘だった。子どもの頃から「こうじ屋の直美ちゃん（得度《とくど》する前の名前）」と呼ばれ、家を継ぐのが当たり前のようにも感じていた。だが、その内面は複雑だった。

「こうじ屋に生まれてイヤだな、と思うこともあったんです。こうじ菌も、私のことが嫌いだったかもしれない」

そんな思いを抱えつつ、妙峰さんは二五歳で真願さんと結婚し、家業を継いだ。

だが、時代の風は冷たかった。「こうじ」を必要とする家庭はだんだん減っていく。生計は成り立たず、弁当の折り箱作りなど、夫婦でさまざまな副業をして糊口《ここう》をしのいだ。

「いくら話しても先が見えないから、こうじ屋の話はもうやめにしよう」

そんな会話を、夫婦で幾度となく交わしたという。

妙峰さんが五四歳のとき、転機が訪れる。父が入院。三〇〇年続いた家業をどうするか、いよいよ決断を迫られた。妙峰さんは、すがるような思いで大分県の商品開発の支援事業に応募する。妙峰さんの相談相手になった坂本晃さんたちは、こうアドバイスした。

「自分たちが当たり前だと思っているところに、宝が眠っているかもしれませんよ」

妙峰さんは思った。生まれた頃から当たり前のように接してきた「こうじ」。私はその「こうじ」と、どれだけ正面から向きあってきただろうか。

妙峰さんの猛勉強が始まった。江戸時代の文献『本朝食鑑』を読んだのも、その時期だった。なかに「塩こうじ」の記述があった。漬け物の「漬け床《どこ》」として良いと書いてある。「これをいろいろな料理に使ってみたらどうか」

妙峰さんは、料理に適した分量や料理法を調べ上げ、調味料として売り出すことにした。しばらくして、大手デパートでの実演販売がきっかけとなり人気が広がっていく。

店を畳むどころではなくなった。こうじ作りはフル回転。店には客がひっきりなしに押しかけるようになった。

「一生懸命、日々の努力をしていけば、きっと道は開くんだと確信させてもらったんです。苦しんだあとには、かならず素晴らしい花が咲く。苦しんでいる方がいれば、そういうことを伝えたいと思います」


そんな経験を持つ妙峰さんは、忙しい合間を縫《ぬ》って、しきりに全国を飛び回るようになった。同じような境遇の同業の仲間を、少しでも励《はげ》ましたいという思いからだ。

富山県南砺《なんと》市にある法野智さん一家も、その一つ。一〇〇年以上続く老舗の五代目として、こうじ屋を営む法野さんだが、二人の息子に跡を継がせるべきか、悩んでいた。

夫・真願さんとともに、富山を訪ねた妙峰さんは、まず店先を借りて塩こうじの料理講習会を無料で開いた。予定の倍以上、五〇人近くが押し寄せる盛況ぶり。だがその後、将来について話しあう席で、法野さんはなぜかさえない表情を浮かべていた。

「妙峰さんはお話も上手で、アイデアもある。やっぱり早いものが勝つんですよ」

今さら力を入れても、妙峰さんのようにはなれない。それが素直な気持ちだった。

浅利さん夫妻は、こう語りかけた。

「こうじを生業《なりわい》とする人たちに、もっと出てきてほしいんですよ。そうすることによって、次の世代、一〇〇年、二〇〇年と続いていく。私たちの目的は、こうじ屋がつぶれないようにすることなんです」

じつは、地方を回ると、ときに冷《さ》めた目で見られるときがある。「あなたたちは特別なんです」。そんな言葉に接するたび、妙峰さんは、自らの体験を思い出す。

「ブームが来て、自分たちさえ良ければいい、じゃなく、自分も良いけどみんなも良い、をめざしたいんです。大きくひとり勝ちしても、すとんと落ちるだけ。じわじわ、ゆっくり、みんなと一緒に階段を上がっていけば、長く生きられる。そういう考え方が日本の伝統を支えてきたと思います。私たちのやってきたことをたたき台に、法野さんには法野さんなりのやり方を見つけて、進んでいってほしいんです」

その後、法野さんは自ら立ち上がった。地元の七夕祭りに出店し、家族総出で作った「塩こうじソーセージ」を売りこんだ。慣れない手作業にも知恵を出しあい、夢中で挑んだ。

祭りが終わったあと、法野さんは汗だくになりながら笑顔でこう語ってくれた。

「やっぱり、動いたら、動いたぶん、楽しくなる。プレッシャーも感じるんだけど、動いたらそのぶん、広がっていくからね」

またひとり、妙峰さんと志を同じくする「仲間」が生まれたのだ。

輝く瞬間を、重ねる

小児看護専門看護師
長田暁子

絶望や苦難。それは、ある日突然襲いかかる。

「小児看護専門看護師」の長田暁子さんは、厳しい現実を前にもがき、苦しむ患者とその家族に寄り添い、ともに希望の光を見いだそうと奮闘し続けている。

小児看護専門看護師とは、〇歳から成人するまでの子どもの看護に関して、高度な知識と卓越した技術を備えたスペシャリスト。二〇一三年六月現在、全国に九六人が活躍するが、長田さんはそのパイオニアの一人だ。

長田さんが勤めるのは、横浜にある大学附属の総合病院だ。長田さんはそこで小児看護のエキスパートとして、特別な役割を与えられている。一般的に看護師は小児科や内科、救急や病棟など特定の現場を担当することが多いが、長田さんは違う。サポートが必要な子どもがいれば部署を横断し、現場の医師や看護師とともにケアに当たる。

とくに長田さんが担当するケースは、難病や家庭環境が複雑なものも少なくない。各現場の医師や看護師から要請が来ると、長田さんは、患者や家族と面談を重ね、抱える不安などを聞き出す。そして、ときには学校や地域の障害者支援施設、児童相談所などの外部の機関と調整を行い、最善の策を見いだしていくのだ。

長田さんが受け持つ患者のなかには、治療の難しい病気と向きあい、闘病生活が何年にもおよぶ子どももいる。子どもだけでなく、その家族もまた、先の見えない現実に打ちひしがれ、深い悩みを抱えながら日々を生きている場合もあるという。

番組の撮影に入る前、長田さんに「患者さんに対して、いつも心がけていることは何ですか?」と聞いてみた。その答えが、この言葉だった。

輝く瞬間を、重ねる

子どもたちはどれほど苦しい状況にあっても、心の底からうれしそうな、きらきらした表情を見せる瞬間があるのだと、長田さんは言う。

「ほんとうに些細な、うれしいこととか穏やかな時間とか、安心できる瞬間とかを見つけたい。一緒にもがいているうちに、あっ、これができるかもということが見つかるかもしれないので、そこは絶対にあきらめたくないんです」

撮影に入ると、長田さんがこの信念をいかに大切にしているかがわかった。

たとえば、障害をもって生まれた男の子。唇《くちびる》の形状や呼吸機能に重い障害があり、一歳まで生きられないかもしれないと言われていた。しかし、医師や長田さんたち看護師の懸命の治療とケアによって、元気に一歳を迎え、その後も成長を続けていた。

ある日、男の子の両親は大きな悩みを抱えて、形成外科のもとを訪ねてきた。唇の形状を治す手術をするかどうかの決断を迫られていたが、両親は決めかねていた。手術をすれば、流動食だけではなく、口から物を食べられる可能性は広がる。

しかし、とくに母親は手術の際の全身麻酔によって呼吸停止に陥《おちい》るリスクを心配していた。

「今ようやく生きていられるのに、もし何かあったらどうしようかと思ってしまう……」

と葛藤する母親。一方、医師は手術のリスクは低く、男の子のこれからを考えると手術をしたほうがいいと勧めていた。

両親から頼まれ、医師との話しあいの場に立ち会っていた長田さんもまた悩んでいた。長田さんは、男の子が生まれてから今まで、両親の数かぎりない悩みに耳を傾けてきた。それだけに、今回の両親の心情は痛いほどわかった。

ようやく訪れた子どもとの幸せな時間を、万に一つの可能性でも失いたくない。しかし、手術をしないと決断すれば、子どもの食べる可能性を狭《せば》めてしまうかもしれない。

医師との話しあいの間、長田さんはほとんど口をはさむことはなかった。そして、男の子と両親を見送ったあと、長田さんは動き出した。

カルテに、関わりの内容を書き始めた。頭のなかにあったのは、母親が診察前に、長田さんにだけ伝えていたある思いだった。

「(男の子が) 気持ち良さそうに寝ている姿を見て、穏やかにね。指しゃぶりをしているときが幸せそうなんですよ。うっとりして。幸せそうなんですよね、顔が。長く生きられないと言われた子だから。元気に生きている。もうこれ以上ないです、ほんとうに」

そう語った母親。男の子と両親が大切にする、かけがえのない幸せを感じる〝瞬間〟がここにある。

長田さんは、両親の語った一つひとつの言葉を思い出しながら、カルテに書き綴《つづ》っていった。

「手術をするかしないか、私に答えを言ってくれたらというのがあるかもしれないですけど、ほんとうにお子さんやご家族にとって何が一番だろうということは私も答えを持っているわけではないので。決めたけれど、やっぱりほんとうは嫌でした、ということになってはいけないんです。

だから、私はご家族の揺れに寄り添うというか、揺れに一緒につきあう。で、納得いく選択ができるように支えるのが私の仕事だと思っています。子どもや家族の納得というか、決心というか、その気持ちですね。これだけ悩んだし、これで決めましたってなれば、あとはいろんな状況をまた受け止めていけるかなと思うので、目指すのはそこかなと思います」

看護師として、自分にできることはなにか。悩み、葛藤しながらも、静かに子どもと家族を応援する長田さんの姿がそこにあった。

二日後に再び病院を訪れた男の子と母親。この二日間ほとんど眠れなかったという母親の顔は憔悴《しょうすい》しきっていた。

長田さんは母親と向きあい、大切なことを伝えた。医師も、今のこの時間を大切に思う両親の気持ちはよくわかっていること。そして、手術については、体力がつき成長の節目でもある次の誕生日の頃にあらためて決断し直してはどうかということ。

悩んでいた母親は、長田さんの話を聞き「私もそれがいいかなぁ」とつぶやいた。はじめて出た前向きな言葉だった。

母親との別れ際、長田さんはこう呼びかけた。

「お子さんと、いい時間を過ごしてくださいね」

信じることっていうのは、
僕にとって希望なんですね

プロサッカー選手
本田圭佑

綺麗に染め上げた金髪に、奇抜なファッション。
帰国時、もはや恒例となった〝成田ファッションショー〟の写真が翌朝の紙面を飾る。真っ赤なフェラーリでイベント会場に乗りつけ、周囲の度肝を抜いたこともあった。何より歯に衣《きぬ》着せぬ物言いで、常に世間の常識に抗《あらが》ってきた。

二〇一〇年のワールドカップ南アフリカ大会直前、強化試合に連戦連敗し期待値が地に墜《お》ちていた日本代表にあって、ただ一人〝優勝〟を目標に掲げ「ビッグマウス」と揶揄《やゆ》された。

だが、その大舞台で世界の強豪相手に2ゴール1アシストと大車輪の活躍。日本をベスト16へと導き、二四歳にして一躍、時代の寵児《ちょうじ》となった。

これが、〝プロサッカー選手・本田圭佑〟のイメージだった。

そんな本田さんサイドから「密着取材を受け入れる」という連絡が入ったのは、ワールドカップから一年が過ぎた、二〇一一年六月のことだった。

ロシアに飛んだ撮影クルーが目にしたのは、ただひたすらストイックにサッカーと向きあう本田さんの姿だった。

毎朝、本田さんはチーム練習が始まる二時間も前にクラブハウスにやって来た。日本から専属トレーナーを同行させ、個人トレーニングを入念に行っていた。本田さんが所属するCSKAモスクワは、世界各国の代表選手がそろうロシアプレミアリーグ随一の強豪だが、そこまで自らの身体のケアに注力している選手はだれ一人としていなかった。

チーム練習が始まると、その異様なまでのストイックさはさらに際立った。

チームメイトの輪に入ろうとはせず、ランニングでは常に先頭を走り続ける。じゃれあうチームメイトを周回遅れにすることもしばしばだった。海外では「結果は試合で残せばいい」という考えの選手も少なくない。だが、本田さんだけは練習から常に全力だった。

シュートを外しては笑いあうチームメイトを尻目に、大声で自らを叱咤《しった》し、ミニゲームで勝利しては派手なガッツポーズを繰り出した。そして、練習が終わると無言でクラブハウスへと消えていった。

聞けば、モスクワの観光名所であるクレムリンにも行ったことがないほど、サッカー漬けの毎日だという。

本田さんはかつて小学校の卒業文集に「世界一のサッカー選手になる」という夢を記した。

その夢を、彼は今なお信じ、追い続けていた。

夢という言葉すらあまり使われなくなった状況に鑑《かんが》みて、夢をひたむきに追い続ける本田さんの姿は、あまりにも新鮮だった。

二〇一一年八月二八日。そんな本田さんを、アクシデントが襲った。

ロシアリーグでの試合中に、右膝の半月板《はんげつばん》を損傷。急きょ、スペイン・バルセロナに渡って緊急手術を受けることになった。

全治三ヶ月。損傷は予想以上に激しく、半月板の大半を取り除かざるをえないほどだった。半月板は膝の衝撃をやわらげる、いわばクッションの役割を担うが、一度切除すると再生しないため、リハビリで膝回りの筋肉を鍛え、その機能を補うしかない。

サッカー人生ではじめての大怪我。しかも、念願のビッグクラブへの移籍秒読みというタイミングで待っていた、落とし穴。ワールドカップで輝きを放った、あのパフォーマンスを取り戻せる保証はどこにもなかった。

そんな矢先、本田さんのマネージャーから「バルセロナでインタビューに応じる」という連絡が入った。しかも、本人が「できるだけカメラを意識せずに、素の自分をちょっと出してみたい」という意向を持っているため、マネージャーも同席しないという。

場所は、バルセロナの港を見渡せるレストランの一角。そこにただ一人で収録に現れた本田さんは、右足を引きずるような気配も見せずに席に着いた。

そして、ゆっくりと言葉を選びながら語り始めた。

「怪我したことは残念ですけど、しょうがないですし。怪我して思ったのは、僕、チャンスやなと。人生ってやっぱり〝谷〟がないと、〝山〟の喜びって感じられなくないですか？喜びに慣れてしまったら、たぶん喜びって喜びとして感じられへんのちゃうかなとか思いません？　だれしも山をねらった結果、谷へ転げ落ちてしまう。でも這い上がろう、這い上がろうとして、そこに新しい発見があり、喜びがあると」

思えば、本田さんの人生は、まさに山あり谷ありだった。

大阪で生まれ、幼くしてサッカーを始め、ガンバ大阪ジュニアユースに入団したものの、走るのが遅かったため、そこから先へは進級させてもらえなかった。当時のチームメイトは「足も遅いし、体力もない。サッカーもそこまでうまくもない。いい選手にはならないだろうなと思っていた」と回顧する。〝世界一のサッカー選手になる〟という夢を抱き、ボールを追い続けてきた少年にとっては、切なすぎるほど厳しい現実だったに違いない。

だが、本田さんは自らの可能性を信じることをやめなかった。父親を説得して、石川・金沢の強豪・星稜《せいりょう》高校に進学。そこで才能を開花させ、キャプテンとして全国大会ベスト4に進出。プロのスカウトの目にとまり、名古屋グランパスへの入団を勝ち取った。

そして、二一歳でオランダのＶＶＶフェンローへと移籍。ここをステップにビッグクラブに羽ばたくはずだったが、二度目の挫折が待っていた。

本田さんは即戦力として大きな期待をかけられていたが、目立った活躍はできず、チームは負け星を重ね、まさかの２部リーグ降格を味わった。直後に行われた北京オリンピックに日本代表として名を連ねたものの、グループリーグ三戦全敗。またしても、〝世界の壁〟に弾き返された。

だが、ここでも本田さんは自らの可能性を信じ続けた。

ここから這い上がるためには、目立つ選手にならなければならない。そう考えた本田さんは、「オレならできる」と呪文を唱えるようにして自らを信じ続け、ゴールを貪欲《どんよく》に狙うスタイルへと自己改革を断行。その結果、ゴールを量産してオランダ2部リーグ優勝の原動力となり、MVPにも選ばれた。そして、ロシアの強豪・CSKAモスクワへの移籍を勝ち取り、あのワールドカップ南アフリカ大会での大活躍へとつなげたのだった。

二五歳という、サッカー選手としては最も脂《あぶら》がのる時期に訪れた半月板損傷というどん底から、いかにして這い上がるか。「本田は終わった」という声も聞かれるなか、当の本田さんはどこまでもポジティブだった。

バルセロナでのインタビューの席上、試合に出られずにリハビリに費やされる〝空白の時間〟を逆手にとって、かつてない肉体改造に取り組むことを宣言したのだ。

「オレのゴールはここじゃないし、ここで終わったらいけないと思ってるわけです。まだまだギアチェンジしていく必要があるし、二つ三つは僕のなかでは変われる要素っていうのはありますね。いつの間にか、サッカーでお金もらって、サッカーすることが当たり前になって……。だからもうここまで来てしまえば理由なんかないんですよ。

ただトップが見たいだけ。まだまだその領域には達してないって自分ではわかっていますけど〝自分はまだまだやれる〟と、〝もっともっとすごいスピードで成長していける〟というふうに思っているんで。かならず、やりますよ」

翌日から肉体改造の撮影が許された。

そのトレーニングは、目を背けたくなるほど、凄まじいものだった。本田さんは、膝にメスを入れたとは思えないほど、来る日も来る日も自らの身体を徹底的にいじめ抜いた。なかでも本田さんが重点的に鍛えていた筋肉があった。それは、腸腰筋《ちょうようきん》と呼ばれる、太股《ふともも》を引っ張り上げる筋肉。陸上の短距離選手などが重視することで知られるが、本田さんは腸腰筋を集中強化することで、最大の弱点とされてきた〝瞬発力〟の強化に努めていたのだ。

二〇一一年秋、モスクワに戻った後も過酷なトレーニングは連日続けられた。

本田さんのビッグマウスは、ただのビッグマウスではなかった。過大に思われる目標をあえて公言することで、自らにプレッシャーをかけ、己《おのれ》の原動力に変えてきたのだ。

インタビューで、本田さんはこんなことも語っていた。

「大きいことを吐いたら、最初笑われるでしょう? それで見返したときの周りの対応が好きなんです。本能でそれが楽しい。でっかいことを言って笑われていても、自分が真顔で答えているほうがおもろい生き方やなって」

負傷から一〇ヶ月が過ぎた、二〇一二年六月。

日本代表に復した本田さんはワールドカップブラジル大会に向けたアジア最終予選でハットトリックを含む大活躍を見せ、みごとな復活劇を飾ってみせた。ただ復活するだけではない。本田さんは言葉どおり、より強く、より速くなって帰ってきたのだった。

自分を信じる力が、本田さんをまた新たなステージへと押し上げた瞬間だった。

信じることっていうのは、僕にとって希望なんですね

「信じられなくなったときに、希望の光は見えなくなる。人ってだれもが、うまくいかなかったときに、ちょっと疑うと思うんですね。そのときに、いかに自分を信じることができるか。

だから〝信じる〟というのは、ほんとうに〝希望〟そのものですよね」

それから一年。二〇一三年六月、本田さんはCSKAモスクワに移籍してからはじめて、ロシアリーグとロシアカップの二冠を達成した。チームの核として、文句なしの活躍を見せ、MVPに挙げる声も上がるほどだった。シーズンの全日程終了後、本田さんは珍しく記者会見を開き、このシーズンを振り返った。

「僕の歩んできている道は順風満帆《じゅんぷうまんぱん》ではなくて、それでもこうやって何年かに一度、神様がプレゼントをくれるんですね。毎年くれるように神様に交渉したいところですけど、これからもおそらく自分が進む道は一筋縄でいかないでしょうし、さらなる困難が待ち受けているんじゃないかなと。それでも悔いなく楽しんでいこうと。この優勝を糧《かて》にさらなる進化を求めて、さらなる成功を求めて、突き進んでいこうと考えています。すべては自分が選ぶ道なので、しっかり責任をもって進んでいきたいと思っています」

この先、本田さんをどんな運命が待ち受けていようとも、その歩みを見つめていきたいと思う。

担当ディレクターリスト

I

映画俳優・高倉健――三上紘司
天ぷら職人・早乙女哲哉――荒川格
自殺防止・藤藪庸一――末廣信吾
パン職人・成瀬正――平山学
管理栄養士・佐々木十美――大楠哲平
心臓外科医・天野篤――横山友彦

II

宇宙飛行士・若田光一――池田由紀
医師・谷口修一――川原愛子
旅客機パイロット・早川秀昭――駒井幹士
介護福祉士・和田行男――小国士朗
潜水士・渋谷正信――末次徹

III

料理家・栗原はるみ――三上紘司
建築家・手塚貴晴／由比――町田誠
町工場経営者・竹内宏――座間味圭子
食品スーパー経営者・福島徹――宮川慎也
デザイナー・梅原真――末次徹
デザイナー・石岡瑛子――堤田健一郎

IV

石工・左野勝司――築山卓観

メートル・ドテル・宮崎辰――座間味圭子
駅弁販売・三浦由紀江――末廣信吾
日本料理人・山本征治――川原愛子
脚本家・遊川和彦――横山友彦

V

プロサッカー監督・岡田武史――駒井幹士
IT技術者・及川卓也――末次徹
小学校教師・菊池省三――川原愛子
投手コーチ・佐藤義則――大久保圭祐
転職エージェント・森本千賀子――三上紘司
数寄屋大工・齋藤光義――駒井幹士

VI

カキ養殖・畠山重篤――横山友彦
商社マン・片野裕――小国士朗
糀屋女将・浅利妙峰――岡野美由紀
小児看護専門看護師・長田暁子――小国士朗
プロサッカー選手・本田圭佑――荒川格

語り――橋本さとし・貫地谷しほり
番組デスク――山本出・生田聖子
――本間一成・堤田健一郎
プロデューサー――山本隆之・久保健一

校閲　大河原晶子
DTP　岸本つよし

NHK「プロフェッショナル」制作班
さまざまな分野の第一線で活躍する一流のプロの「仕事」を、
徹底的に掘り下げるドキュメンタリー番組
「プロフェッショナル 仕事の流儀」を手掛ける制作チーム。
2006年1月の放送開始以来、
200人を超えるプロの仕事に肉迫する(13年7月現在)。

NHK出版新書 414

プロフェッショナル 仕事の流儀
運命を変えた33の言葉

2013(平成25)年 8 月10日 第 1 刷発行
2015(平成27)年11月25日 第10刷発行

著者 NHK「プロフェッショナル」制作班

発行者 小泉公二

発行所 NHK出版
〒150-8081東京都渋谷区宇田川町41-1
電話 (0570) 002-247 (編集) (0570) 000-321(注文)
http://www.nhk-book.co.jp (ホームページ)
振替 00110-1-49701

ブックデザイン albireo

印刷 亨有堂印刷所・近代美術

製本 ブックアート

Printed in Japan ISBN978-4-14-088414-0 C0236

NHK出版新書好評既刊

ケインズはこう言った
迷走日本を古典で斬る
高橋伸彰
ケインズなら、日本経済にどのような処方箋を書くか？　マルクスやハイエクとの比較もまじえ、現代に生きる古典の可能性を探る刺激的な書。
386

「調べる」論
しつこさで壁を破った20人
木村俊介
革新的な仕事をする人はいかに問いを見つけ、無心に調べ、成果に落とし込んでいるのか。多様な証言から、「調査」の意外な本質を照射する。
387

8・15と3・11
戦後史の死角
笠井　潔
「大本営」から「原子力ムラ」へ。なぜ破局は繰り返されるのか？　この国の宿命的な病理を暴き、克服すべき真の課題を考察する著者渾身の一冊。
388

引きだす力
奉仕型リーダーが才能を伸ばす
宮本亜門
メンバーをやる気にさせ、職場を活性化するコツとは？　世界的に活躍する演出家が教える独自のリーダー術と、互いに高め合う会話術・創作術。
389

貧困についてとことん考えてみた
湯浅　誠
茂木健一郎
パーソナル・サポートの現場を訪ねる旅から見えてきた、貧困の現状、必要な支援、日本社会の未来とは。活動家と脳科学者の刺激的な対論！
390

日本語と英語
その違いを楽しむ
片岡義男
二つの言葉の間で、思考し、書き続けてきた作家が、日常的で平凡な用例をとおして、その根源的な差異を浮き彫りにする異色の日本語論／英語論。
391

NHK出版新書好評既刊

世界で勝たなければ意味がない
日本ラグビー再燃のシナリオ
岩渕健輔
黒星を積み重ねてきた日本ラグビーにとって、いまこそ再生のラストチャンスだ。若き日本代表GMが語りつくす、個と組織で世界と戦う方法論。
392

中学英語をビジネスに生かす3つのルール
関谷英里子
中学英語を、実際の仕事の場で使っても恥ずかしくない英語に変えるコツとは？ 人気通訳者がビジネスで頻出の52語をピックアップして解説。
393

数学的推論が世界を変える
金融・ゲーム・コンピューター
小島寛之
ITビジネスから金融まで、人はいかにハラを探り合うのか？ 論理学やゲーム理論をもとに行動や経済情勢がエキサイティングに変わる様を描く。
394

知の逆転
ジェームズ・ワトソンほか
吉成真由美
インタビュー・編
学問の常識を覆した叡智6人。彼らはいま、未来をどう予見しているか？ 科学の意義と可能性など、最も知りたいテーマについて語る興奮の書！
395

超入門・グローバル経済
「地球経済」解体新書
浜 矩子
複雑怪奇な「グローバル経済」を、市場、通貨、金融、通商、政策の五つのアプローチで解きほぐす。人気エコノミストによる待望の領域横断的入門書。
396

中国 目覚めた民衆
習近平体制と日中関係のゆくえ
興梠一郎
習近平の中国はどこへ向かうのか？ 反日デモやネット世論の検討から、民衆の覚醒と共産党の危機をあぶりだし、巨大国家の深部に迫る意欲作。
397

NHK出版新書好評既刊

終末の思想
野坂昭如
敗戦の焼け野原から、戦後日本を見続けてきた作家が、自らの世代の責任を込めて、この国が自滅の道を行き尽くすしかないことを説く渾身の一冊。
398

ゴータマは、いかにしてブッダとなったのか
本当の仏教を学ぶ一日講座
佐々木閑
いま、仏教から私たちが学ぶべきものは、〝信仰〟ではなく、〝自己鍛錬〟だ。6つのテーマ(講座)を軸にブッダ本来の教えを知る。
399

資本主義という謎
「成長なき時代」をどう生きるか
水野和夫
大澤真幸
資本主義とは何か? 一六世紀からの歴史をふまえ、世界経済の潮流を見据えながら「成長なき時代」のゆくえを読み解くスリリングな討論。
400

この道を生きる、心臓外科ひとすじ
天野篤
「真の努力」とは何か。トラブルに動じない不動心をどう身につけたのか。天皇陛下の執刀医が明かす「偏差値50の人生哲学」。
401

したたかな韓国
朴槿恵《パククネ》時代の戦略を探る
浅羽祐樹
朴槿恵《パククネ》は、明快な戦略がものをいう韓国政治を体現した大統領である。政治学者の実証的分析から、転換期を迎えた日韓関係の「次の一手」を探る。
402

ギリシャ神話は名画でわかる
なぜ神々は好色になったのか
逸身喜一郎
嫉妬ぶかく、復讐心に燃え、呆れるほどに好色。「理不尽」な神々を描いたルネサンス・バロック期の名画から、ギリシャ神話の世界を案内する。
403

NHK出版新書好評既刊

いのちを守る気象情報　斉田季実治

台風、大雨、地震など8つの大きな自然災害について、その基本メカニズムや予報・警報の見方、そしてそれをどう実際の行動に結びつけるかを徹底解説。

404

憲法の創造力　木村草太

憲法の原理からどう良きルールを創造すべきなのか。君が代斉唱、一票の格差、9条などホットな憲法問題を題材に考察する実践的憲法入門書。

405

政治の終焉　御厨 貴　松原隆一郎

政党政治はなぜかくも空洞化したのか。「改革」幻想の20年間を検証し、コミュニティ再構築から真の保守のありかたまで、喫緊の課題を徹底討議！

406

登山の哲学　標高8000メートルを生き抜く　竹内洋岳

日本人初の8000m峰全14座完頂を果たした登山家が、病弱だった少年時代からの歩みを辿りながら、難局を乗り越えるための哲学を明かす。

407

クリエイティブ喧嘩術　大友啓史

大河ドラマ『龍馬伝』で史上最年少の演出チーフを務め、その後もヒット作を立て続けに手掛ける映画監督が明かす常識破りの仕事術！

408

古語と現代語のあいだ　ミッシングリンクを紐解く　白石良夫

古典と近代の言葉の連続をたどり、「古語」と「現代語」を繋ぐ失われた輪を探すことで、日本人の国語観を揺さぶり、古典の深奥に誘う一冊。

409

NHK出版新書好評既刊

レイヤー化する世界
テクノロジーとの共犯関係が始まる
佐々木俊尚
情報技術の革新は、産業、労働、国家、人間関係をいかに変容させるか。第一人者が、テクノロジーの文明史を踏まえて未来を鮮明に描きだす。
410

死を見つめ、生をひらく
片山恭一
死は、生の終着ではなく、生への「出発」である。『世界の中心で、愛をさけぶ』の著者が、私たちの人生観の転回を求める〝逆転の思考〟を提示する。
411

「売り言葉」と「買い言葉」
心を動かすコピーの発想
岡本欣也
言葉を「伝える」ことと、言葉で「動かす」ことは違う。コピーライターならではの視点から、人の心をとらえて行動へと結びつける言葉の発想に迫る。
412

実践！田舎力
小さくても経済が回る5つの方法
金丸弘美
地域おこしで実績のある著者が、六次産業化、着地型観光、コンパクトシティなどこれからのまちづくり実践のポイントを豊富な事例をひきつつ紹介。
413

運命を変えた33の言葉
プロフェッショナル 仕事の流儀
NHK「プロフェッショナル」制作班
本田圭佑、高倉健、栗原はるみ、岡田武史……彼らが一つの道を究めるうえで指針としている言葉とは？ 珠玉の言葉と感動のエピソード！
414